MICHAEL GUTTENBRUNNER GRIECHENLAND

MICHAEL GUTTENBRUNNER

GRIECHEN LAND

EINE LANDESSTREIFUNG

LÖCKER

Die Abbildungen auf den Seiten 144, 146, 147, 149, 150, 151, 153, 154, 157 u. 159 stammen aus dem Archiv des Autors;
S. 22, 126 u. 145 aus: »Bildnisse ausgezeichneter Griechen und Philhellenen, nebst einigen Ansichten und Trachten. Nach der Natur gezeichnet und herausgegeben von Karl Krazeisen, Königl. Bayerischem Oberlieutenant im Leibregimente«. München 1828;
S. 148, 152, 155, 156,158 u. 160 aus: Franz Kuypers, »Griechenland«. München 1935.

Alle Rechte vorbehalten
© 2001 Erhard Löcker GesmbH
Gestaltung und Satz: Martina Heilingsetzer
Druck: Plöchl Druck, Freistadt
ISBN 3-85409-344-6

Meiner Tochter Katharina
und den Brüdern
Dimos und Nikos in Athen

Inhalt

I

Balkankrieg 9 – Am Olymp 10 – Etappe im Süden 11 – Das Dorf Ampelokypi 12 – Turkobunia, mein Land! 13 – Auf Turkobunia 14 – Griechischer Herbst 14 – Die Landung 15 – Ein weißer Glanz ... 16 – Kreta 17 – Mystikon 17 – Kretische Kelter 18 – Anamnesis 18 – Athen im Schnee 19 – An Griechenland I 20 – An Griechenland II 21

II

Vaterland 23 – Die Ionischen Inseln 24 – Korfu 30 – Kythera 32 – Der Wein 34 – Sparta 36 – Bachofen 1851 in Mykene 39 – Epidauros 43 – Korinth 46 – Nauplia 47 – Delphi 49

III

Homer 55 – Athen 57 – Antike 66 – Mistra 68 – Mani 70 – »Rumeli« 75 – Charakter 78 – Bassai 82 – Olympia 88 – Heiligenverehrung 94 – Der Ölbaum 98 – Hellenismus 100 – Pausanias berichtet 104 – Antike Skulpturen 106 – Die byzantinische Kirche 106 – Der Engel im Brunnen 113

IV

Athen 1965 115 – Griechenlandreise 1967 116 – Nach vierzig Jahren 117 – Der Klephten-Kapetan 118 – Erotokritos 119 – Joannis Ritsos 120 – Der Kreter 121 – Panajotis Kanellopoulos 121 – Griechisch 122 – Kristallne Flut 123 – Der verlassene Schwimmer 124 – Die Inseln 124 – Amorgos 125

V

Der Freiheitskrieg 127 – Makryjannis 133 – Lorenz von Gyömörey 142

I

Balkankrieg

Das erste Land war Slowenien, die Heimat Cankars, Plečniks und Glonars; das letzte im schwungvollen Kriegsjahr 1941 war Griechenland. Und als wir dort endlich Halt machten und ich mich umsah, da war es der dürre, harte Boden und die dürftige Wohnstatt eines armen Volkes, unter dem Glanz, der über ihm von den grell schimmernden weißen Gliedern des Parthenon ausging. »Aber nicht konnte die Brust, dies alles zu fassen, sich dehnen«; nämlich das Dortsein nicht fassen; daß ich dort war; die unerhörte Gleichzeitigkeit von steigender Emphase und militärischer Fron.

Am Olymp

Neben der Straße liegt Fahlerz.
Der Lüfte Bleiglanz wirft Schnee und Regen
und Strahlen eines Lichts,
das mit breiten Lanzen mein Aug' durchbohrt.

Auf dem Weg zwischen kalten Wiesen,
was blickt mich so trübe an?
Dunkel sinkt es herab
und verdichtet sich unten
am Fuß des Berges, wo Kupferkies
unter eiligen Schritten knirscht und rasselt.
Rot wie Kupfer ist dort das Land.

Der Flocken Ankunft ist lautlos.
Kein Haus an der Straße,
keine Höhle im Berg.
Schnee hemmt den Schritt, und das Licht
drückt mir die Augen aus
und legt sich wie Blei auf die Lider.

Etappe im Süden

Gold glüht im Wald. Im roten Garten modert
ein totes Pferd. Des Überflusses Woge
entstürzt dem Fruchthain. Sieh, ein Feuer flackert
auf falbem Feld, und eine klare Quelle
fließt, wo im Sommer eine Wüste war.
Zerbrochne Wagen, rostiges Kriegsgerät
am Straßenrand, bedeckt mit Ölbaumzweigen.
Abseits ein Hirtengrab. Soldaten jagen
die hüterlosen Schafe, deren Fleisch
mit Wein und Lorbeer zubereitet wird.
Zelt steht an Zelt. Kanonenrohre ragen
aus blütenschweren Oleanderhecken.

Das Dorf Ampelokypi

Was witterst du, rasselnder Ritter
mit den glänzenden Augen, hinaus aus der Stadt?
Dich locken Weinbeeren, die tränensüßen
Kinderaugen in Ampelokypi.
Du willst Beeren stechen mit der Bärenlanze.
Ampelokypi winkt dir mit fernen Blicken.
Abendrot raucht der Staub von deinen Hufen.
Gefolgt von Taubenschwärmen
reitest du herrlich hinauf.
Deine Stute geifert,
und schamlos grüßt dich das schöne Geschlecht
von den Balkonen der Metropole.
Bald verhüllt die Mutter Ampelokypis ihr Gesicht,
zerreißt über den Traubenbrüsten ihr Kleid
und klagt eine sonnige Nacht
mit der Nachtigall.

TURKOBUNIA, mein Land!
Baumlos und menschenleer
wendest du felsgekrönt
von der Stadt dich ab.
Meine Augen, zurückgewandt,
sehn der Akropolis
säulengestütztes Dach
und Inselberge, schattenhaft,
auf dem Wasser.
Aber näher bei dir,
mit Zypressen bedeckt,
ragt der Lykabettos.
Weißer Dörfer sind viel
hinter dir hinaus
in purpurner Eb'ne verstreut,
und des Pentelikon Schnee
schimmert im dunklen Blau.
Deine Hügel sind kahl
und rostrot gefleckt.
Mitten in deiner Öde
liegt ein ärmliches Gotteshaus,
das ein Armer mit seinen Händen
mühselig erschuf.
An seinen Mauern
schritt ich wartend umher,
bis das Mädchen kam,
das mich liebte. Wir küßten uns.
Und sie ging von der Mutter
zum Sohne und bat für mich,
und kniete, legte ihr Haar
in den Staub, und die Tränen flossen.

AUF TURKOBUNIA

Auf Turkobunia,
nördlich von Athen,
stäubt noch der Duft
der jungfräulichen Göttin,
die in den Himmel aufgefahren ist.

GRIECHISCHER HERBST

Goldener wird die Erde, blauer das Meer.
Schweigend und reglos schlief es im Sommer, jetzt
                                        rauscht es,
vom Winde bewegt, Tag und Nacht.
Kühlende Wolken ziehen herauf.
Sie dämpfen der Wüste Glut, und silberne Quellen
springen tönend aus sommerlang trockenen Gruben.
In den Bergen hat es heimlich geregnet.
Grüner werden die Gärten, voller die Früchte,
während der seltene Wald sich verfärbt
und seinen stachligen Samen verwirft.

Die Landung

Thymian weht von den Bergen.
In der Sonne verdirbt
vergossenes Öl,
weggeworfenes Fett
am Weg geschlachteter Tiere.
Fieberhaft schnattern die Wogen
mit Schnäbeln der Angst;
sie schlagen
der Insel hörnerne Brust.
Flügel rauschen, behelmte
Hügel klirren am Rand.
Trunken vom Todeswein
schaukeln riesige Schiffe.
Ohrenzerreißend
pfeifen Todesboten
aus stampfenden Donnergaleeren.
Rot und schwarz liegt es am Strand,
vergossenes Blut,
vertrocknete Fliegenspeise.
Unter schwärzlicher Sonne,
zwischen Netzwerk der Fischer und Krieger,
versiegen die Quellen des Blutes,
und an vergifteten Brunnen
liegen die Trinker.
Im purpurnen Meer
zerfließen die Worte.

Ein weisser Glanz ruht über Land und Meer, und duftend schwebt der Äther ohne Wolken. Die höchsten Berge Kretas waren noch in langer Kette mit Schnee bedeckt; aber in den ebenen Breiten lagen die schweren goldenen Tafeln des reifen Getreides, den Halm starr aufgerichtet; und auf der Abendseite der Insel, an der Sudabucht, stieg unermeßlicher Rauch auf, säulenförmig unter den blauen Himmel gedrückt, blitzend und donnernd. Dort fuhren wir mittenhinein, und landeten krachend im Schwefel des Schlachtfeldes, darauf schon hundert gescheiterte Maschinen lagen. Im Takt krepierender Granaten eilten wir kriechend über ziegelhart gebrannte Erde auf die nächste Hügelwelle zu, auf der geköpfte Ölbäume einen Verhau bildeten. Im gekrümmten Rücken die Kanonen der Schiffe, die auf der Höhe des Meeres ankerten, und vor uns der versteckte Herd eines ungelöschten Gewehrfeuers, von dem die Kugeln wie Funken spritzten. So kamen wir, auf allen Seiten fallend, schreiend und entatmet, unter das verstümmelte, zerfetzte Holz, aus dem der Ölzweig sprießt. Aber dort stießen wir auf die Leichen von Soldaten, die schon vor Tagen gefallen waren und nicht begraben werden konnten. Die Hitze hatte sie gärend aufgebläht und mit dem Wachstum der Verwesung ins zerrissene Astwerk eingepreßt. Sie waren schwarz wie Ruß und sahen wie gestopfte Säcke aus. Die Fliegen tobten auf ihrer Beute in Schwärmen, vom Gestank nicht zu unterscheiden; das war, wie kein Wort es ausdrückt; und keine Feder denkbar, es zu zeichnen.

KRETA

Blitzend durchbricht
die Sonne den Fels.
Atemlos brennt sie herab
auf das Land,
schießt der Welt
ihren Brand ins Gesicht.
Zu Staub wird das Feld
im Wind, der aus weißem Meer
in rote Erde fährt.
Wirbelnde Säulen
wirft er der Sonne zu,
und jäh stürzt fliegende Finsternis
nieder in unsere Angst.

MYSTIKON

Dornige Blumen läßt in diesem Sommer
blühen auf Kretas geschliffenen Bergen der Herr.
Saugend mit Sonnenglut entreißt er der Erde
das unersetzliche Naß. Alle Brunnen sind leer.
Dornige Blumen drechselt und feilt mir in diesem
                                        Sommer,
fern jeder Wohnung, der Herr.
Wahrlich, wer sie nicht sah, wer, auf glühenden Bergen
ausgesetzt, aus schneidenden Blüten
Todesduft nicht sog,
hat den Herrn nicht gespürt.

Kretische Kelter

Weißbärtige Väter und kupferhäutene Söhne
stampfen, glitzernd vor Lachen und Schweiß,
in glänzender Kelter den Tanz.
Auf braunumlaubten Wegen wandeln die Träger
kufenbeschwert durch den Tag.
Von schlötternder Hohllippe fließt der Most,
den aus sickernder Grube Krug um Krug
die Frauen schöpfen,
entblätterte und kelchverschlossne Rosen.
Schweigend gießen sie Traubenblut
in die steinerne Weinzisterne.
Herrische Faune stampfen
im Takt den Tanz der gottgewollten Kelter.

Anamnesis

In Suda war's im Mai, der Sund war blau,
und Wein und Lorbeer waren marschbereit,
mit mir vermischt dem Stahltroß großer Zeit,
mit mir vermanscht dem nervenlosen Leim
der großen Heilsarmee aus Schleim und Honigseim.

Athen im Schnee

Im ersten Winter nach der Niederlage
fiel Schnee. Ganz Attika
war weiß und kalt und voller Hungersnot.
Die Armen, barfuß, hohl bis auf die Knochen,
mit Bäuchen, von der Seuche aufgebläht,
sie essen Gras, Abfall und Aas
und alles, was der Hunger
furchtlos verschlingt,
und fallen um, und sterben wie die Fliegen.

An Griechenland I

Als sich Germaniens Kriegsmaschine
in das Gebein deiner Verteidiger
blutig steile Wege schnitt,
betrat ich deinen heiligen Freiheitsboden.

Die Thermopylenstraße rauchte
von den schleifenden Füßen
deiner geschlagenen Söhne.
Todesangst packte mich,
als ich dich liegen sah
unter den nackenbeschreitenden Stiefeln.

Unerhört betete ich.
Und meine Tränen
vermischten sich mit dem Elend
in deinen Eingeweiden.

Ich schaute deine Nymphen blutgestreift,
und kotbeschmiert die Koren
und den Giebel des Parthenon.

Klebendes Schwefelfeuer,
umschlang dein geschändetes Alter
meine jungen Glieder.
Vor deinem Jammer ward,
was sonst mich noch schirmte, zu nichts.

An Griechenland II

Von strenger Milde war
der Unterricht deiner Gebeine.
Aber was du im Wein mir enthülltest,
wenn weiß zur Sonne betete dein Blut,
im Abendschein der roten Türkenberge,
war Wahnsinn. Wenn der Schatten Aberoffs
auf mich sich wälzte
und mit Regierungsfaust mich würgte,
dann sprach zu mir
dein ungeschnürter Wein.
Niedergetaumelt
vor deinen hungrigen Winzern
erscholl mir dein Liebeswort.

Athen

II.

Vaterland

Griechenlands Vorderseite öffnet sich dem Meer: seine Küsten und Inseln, Gesicht und Geschlecht Griechenlands; die Wölbungen von Brust und Bauch, Kniescheibe und Zehen sind dem Meere zugekehrt, aber auch seine Kleiderschönheit, der Faltenwurf seiner Gebirge und Ebenen; vom Bord des Schiffes ist die Aussicht frei auf die Höhen und Weiten seines Baus, der mit dem ganzen Windungsreichtum seiner unzählbaren Glieder dem Meere hingegeben ist.
Von Norden kommen wir, von Italien her, zu den Ionischen Inseln; über Korfu, Leukas, Ithaka, Kephallonia, Zakynthos führt unser Weg nach Griechenland hinein.
Das ist die Heimat des vielgewanderten Mannes. So wie Homer vor Griechenland, so steht Griechenland vor Europa. Er ist der Meister, dessen Spuren alles gefolgt ist. Er war der erste, der das vorweltlich Wilde abgetan und das erste, bis heute gültige Muster der Menschlichkeit geschaffen hat. Ohne ihn sind wir nicht zu denken. So auch nicht ohne Griechenland, das ein höheres Vater- und Mutterland zugleich für uns ist. Daran möge jeder denken, der seinen Fuß dorthin setzt.
Die Straßen, die wir fahren, »sie reihen sich zu ganzen Scharen an«, und sie führen, in immer neuer Verzweigung, zu immer anderen »Scharen« des Sonderbaren und Wunderbaren, die wie die Inseln und Klip-

pen auf dem Meere und wie die Sterne am Himmel auf den Bergen, im Innern des Landes, auf seinen Emporen, in seinen Kammern und Buchten, vor uns aufgerichtet sind.« »Die Winde dienen fort und fort als Zeugen, um die Wahrheit und die Realität der Schriftsteller und Dichter zu prüfen, ob, was sie beschreiben und schildern, von ihnen selbst gesehen und erfahren worden ist. Homer z. B. besteht überall diese Prüfung«, sagt Warsberg. Die »Winde«, das sind die Segel der Schiffe; aber für uns wehen sie heute überall, auf dem Wasser, auf dem Lande und in der Luft.
Es ist unmöglich, ein Land wie Griechenland so zu beschreiben und darzustellen, daß es endlich mit allen Formen und in allen Gestalten seiner Höhen und Tiefen und bis in seine Eingeweide, gleich aufgedeckten Irrgängen, klar und wie von oben gesehen, vor unserm Blick liegt.

Die Ionischen Inseln

Lefkas, Leukadien, gilt, in ihrer Länge gesehen, als eine der schönsten Inseln im Mittelmeer. Über 1.000 Meter hoch erhebt sich die regelmäßige Pyramide des Elati über die Wasserfläche. Es ist bemerkt worden, daß die Beschreibung seiner Heimat Ithaka, die Odysseus dem Alkinoos gibt, besser auf Leukas paßt:
»Aber in Ithaka wohn' ich, der sonnigen: drinnen erhebt sich Neriton, waldumrauscht, mit ragendem Haupt, und umher sind viel Eilande bewohnt, und nachbarlich nebeneinander, Same, Dulichion auch und die wälderreiche Zakynthos. Selber liegt sie im Meer

am höchsten hinauf an der Veste, nachtwärts; aber die andern zum Licht und der Sonne gewendet.«

Das ist Lefkas, das im Norden ganz nahe an der Akarnanischen Veste liegt. Nach Fermor ist Zante eine Guitarre, Kephallonia ein Fluch, Kythera das Eintauchen eines Ruders und Lefkas das Aufspritzen beim Zustoßen eines Dreizacks. Die Insel hat den Namen vom schroffen grellen Felsen am Südkap, des Leukadas, auch der Frauenfelsen genannt. Es war Brauch, einen Menschen, der zum Verbrecher geworden war, zur Versöhnung der beleidigten Gottheit dort hinunterzustürzen.

Sappho war, gleich vielen andern, aus politischen Gründen aus ihrer Heimat Lesbos nach Sizilien ausgewandert. Sie ist aber auch dort nicht zur Ruhe gekommen. Die Stellung des Weibes war in Lesbos eine freiere als an andern griechischen Orten, und die herrliche Dichterin hatte dort eine Gesellschaft von einander befreundeten Frauen, eine sogenannte Hetäria, zusammengehalten. Es war ein ähnliches Verhältnis wie das des Sokrates zu seinen Schülern. Von vergeblicher Liebe herumgetrieben, kam sie nach Leukas. Und als sie auf dem hohen Felsen stand und tief unter ihr die volle Flut an die Klippen schäumte, sah sie Hermes mit dem Stabe winken – und das war ihr Tod.

Das meiste über Sappho wissen wir von den Römern; und diese hatten bereits einen anderen, gröberen Begriff von Erotik als die Lesbierin. Ihr berühmter Tod ist von ihren Zeitgenossen gebilligt worden wie jeder solche Schritt, der von unerträglichem Zwang befreit. Verschmähte Liebe ist solch ein Zwang, taxiertes Alter und die Gewißheit des unerbittlichen eigenen Niederganges; getrennte Liebe oder ein durch den Tod des einen zerrissenes Liebesband konnten dazu führen, durch Selbstmord des Zwanges zu spotten. Das bedeutete nicht: dort sehen wir uns wieder, sondern: ich will hier nicht ohne dich sein! Und die öffentliche Stimme der Epigrammatiker nannte es würdig und recht.

Wie das aller andern Inseln und Küsten Griechenlands ist auch Lefkas' Schicksal von den immer wechselnden Machtverhältnissen zwischen Orient und Okzident bestimmt. Unabsehbar ist die lange Reihe der Okkupationen. Es wird von zwei Sonnen zugleich bestrahlt, von Byzanz und von Rom, und genießt so, im Geiste, einen doppelten Tag und eine doppelte Nacht. Von Norden her zieht Venedig seine Bahn darüber hin; und von Süden und von Afrika her gewinnen immer wieder Korsaren, welche das Meer absuchen, seinen Strand. Sein Lebenslicht zuckt heftig auf und nieder und scheint öfter ganz zu erliegen. Indessen lebt die Erde immer weiter, und reich gesegnet von ihr, von ihren Blüten und Früchten, stellt sich auch das Menschenleben immer wieder her.

Lefkas ist die Heimat der neugriechischen Dichter Valaoritis und Sikelianos und der Malerin Anastasia Glenis. Valaoritis steht, in der zweiten Hälfte des 19. Jahrhunderts, noch tief im kulturellen Widerstreit zwischen der phanariotischen Hochzuchtsprache, der Katharévousa, und der griechischen Volkssprache, der Dimotiki. Dieser Sprachenstreit war seit dem Freiheitskampf eine griechische Leidenschaft. Er ist erst 1976 für die Dimotiki entschieden worden. Solomos, von Zante, geb. 1798, ist in dieser Sache von höchster Wichtigkeit lange vorausgegangen. Er ist der Autor des »Neugriechischen Gesprächs« und starb 1857 in Korfu. Valaoritis hat, zusammen mit andern, wie Palamas aus Patras (1859–1943), daran weitergearbeitet, die Sprache zu einem »erd- und geistgemäßen Organ« für das ganze Volk zu machen. Er hat epirotische und akarnanische Volkslieder gesammelt, sogenannte »Klephtenlieder«, und hat selbst Lieder geschrieben, die aus dem Stoff volkstümlicher Überlieferungen geschöpft sind – Heldentaten und Greueltaten aus der Türkenzeit und aus den Tagen der Volkserhebung. Auf der Insel Madouri, die in Sichtweite von Lefkas liegt, stehen noch das Haus des Valaoritis und die Kapelle, die er dem Andenken seiner Eltern errichtet hat, und der steinerne Tisch, an dem er zu schreiben pflegte.

Sikelianos (1884–1951), zählt schon zur griechischen Moderne, und er ist in allem – im Stil und im Leben – ein Original und ein Repräsentant. Er hat Gedichte und Tragödien geschrieben und hat sich angestrengt, in den Ruinen von Delphi »altgriechische« Festspiele wiederzubeleben. Das war in den dreißiger Jahren. Darüber hinaus kommt für die griechische Literatur seine Freundschaft mit Kazantzakis in Betracht.

Der dritte im Bunde war Prevelakis. Ihre Freundschaft gründet auf dem gemeinsamen Glauben, daß es Aufgabe der Kunst sei, den sterblichen Augenblick zu verewigen, und daß das gegenseitige Verhältnis derjenigen, die dieser Aufgabe dienen, ein ideales sei. So verehren sie einander, und ihr Verkehr ist zugleich herzlich und rituell. Dazu gehört, daß sie einander nicht oft sehen. Sie gehen von Höhepunkt zu Höhepunkt. Es gibt keine Enttäuschung. Mitten im Leben, und mitbetroffen vom Menschenjammer ihrer not- und todbedrohten Nation, bleiben sie feierlich, und eine Art von Liebesscheu feiert Triumphe. Als Sikelianos den Freund einmal auf Ägina besuchen wollte, wagte er schließlich nicht anzuklopfen und ging unbemerkt wieder davon. Ein anderes Mal führt Prevelakis die beiden in Athen zusammen; das unverhoffte Wiedersehen wird zum inneren Fest und leuchtet noch lange nach. Der Freund und Bruder ist, wie die geliebte Frau, der erkannte und erwählte andere – in der Gleichheit der Aufgabe – und hat die Bestimmung, als Sprecher der Sprache, Zeuge des Menschen, seiner Schmach und seiner herrlichen Liebe zu sein. Ihr Briefwechsel ist von der zeremoniellen Grazie derer geprägt, die ihren Wert erkannt haben und wissen, daß er wie Wasser vergossen wird.

In einem Gedicht symbolisiert Sikelianos die beiden mit den Heiligen Demetrios und Georgios. Es ist in der Hitlerzeit. Demetrios ist der Schutzpatron von Saloniki; er hat im 6. Jahrhundert die Stadt gerettet. Georgios ist der Schutzpatron des Sieges selbst. Er war einst im ganzen Orient einer der ersten Heiligen, aber auch bei uns; »Held Georg, steh' uns bei!« heißt es in einem slowenischen Abendgebet.

1942 schreibt Kazantzakis von Ägina an Sikelianos in Lefkas: er hoffe für sie beide das Beste vom neuen Jahr, und daß »die beiden Pferde, das weiße und das graue, Seite an Seite in den Kampf gehen«. Diese Pferde, das sind sie selbst, und grau und weiß bedeutet den Altersunterschied von zwei Jahren.

Ein Gedicht von Sikelianos hat die Heimkehr eines längst totgeglaubten Freiheitskämpfers in Ossia Louka zum Gegenstand, der einst der schönste Palikare des

Dorfes war und jetzt als armer Krüppel vor ihm steht. Es ist während der Ostermesse. Die ganze Gemeinde ist in der Kirche versammelt. Die Frauen haben das Heilige Grab mit Blumen bedeckt. Die Kerzen sind vom Altar her eine an der andern angezündet, und jetzt bewegt sich, mit beginnender Prozession, ein Strom von Flammen durch den Narthex zum Kirchentor. Da schreit die Stimme eines Weibes: »Wangelis!« Alle schauen auf, und sie sehen: Vor ihnen auf der Kirchenschwelle steht, mit einem Holzbein, ein erbärmlich zugerichteter Mann, der einst der kühnste und schönste von allen war und der beste Tänzer! Und sie starren alle auf ihn, mit den flackernden Lichtern in den Händen, und sehen den Krüppel und gedenken seiner einstigen Herrlichkeit – und auch er steht starr und rührt sich nicht.

»Ihr lieben Ionischen Inseln!« ruft Hölderlin, der sie niemals sah, mit Hyperions Munde aus; er hat sie also doch im Geist gesehen. Die Malerin Anastasia Glenis hat im irdischen Paradies von Lefkas, in Nidrion, im Osten der Insel, das Licht der Welt erblickt. In der Bucht von Nidrion liegen die Inseln Sparti, Madouri und Skorpios. Der Vater ihrer Mutter war bis ans fünfzigste Jahr Mönch auf dem Berge Athos und Ikonenmaler. Dann kam er nach Lefkas und nahm ein Mädchen zur Frau, das dreißig Jahre jünger als er und das schönste und reichste war.

Korfu

Beim Kurs auf Korfu sieht man, vom Meere aus, zuerst die schroffen, wie in Todesstarre liegenden albanischen Berge, oft noch mit Schnee bedeckt; und rechts davon die Höhen des Epirus, schimmernd, durchschimmert von den Geheimnissen des griechischen Wurzelwerks im Schoße des Balkans. Dort hinten sind auch Jannina und Dodona dem Wanderer erreichbar. Weiter rechts die Gestade des Ambrakischen Golfs.
Korfu, Korkyra, das ist die Insel der freundlichen Phäaken, auf deren Strand Odysseus dem Haß Poseidons entrann, wie im fünften Gesang geschrieben steht. Dort wird das Spiel, das der Erderschütterer mit dem Schiffbrüchigen treibt, so eindringlich geschildert, daß nichts zu wünschen übrig bleibt für die Wirkung des aufreibenden Hin- und Hergeworfenseins in der göttlichen Brandung; aber darauf folgt die erlösende Stimmung, die den umfängt, der gerettet an friedlicher Stätte hinsinkt und dem die Sinne schwinden. – Seit den Tagen der römischen Kaiser ist die Insel des Alkinoos und seiner Tochter Nausikaa ein berühmter Zufluchtsort.
Wir sehen den Natur- und Kunstgarten Korfu vor dem Hintergrund der Festlandberge, die von großartiger Öde sind; und bald vertauschen wir seine förmlich inszenierte Pracht, den Markt und die romantische Behausung, und setzen über auf das Thesprotische Land, mit den sumpfigen Niederungen der Mündungsgebiete des Thyamus und des Acheron. Der Acheron gilt vor vielen andern Gewässern, die mit der Unterwelt in Verbindung gebracht werden, als der eigentliche Totenstrom, der das Diesseits der Lebenden vom Jenseits der

Schatten trennt. Hinter der Bucht von Parga ist die zwielichtige Gegend, in welcher der Acheron in zweifelhaftem Lauf (er ist öfter unsichtbar, einfach und mehrfach) dem Ionischen Meer zuirrt. – »Kokytos«, Fluß der Klagen. »Es fließt der Fluß der Klagen: er opfert sich der Welt. / Die Leiche auf dem Schragen: sie opfert sich der Welt ...« Er heißt auch »Pyriphlegeton«, das Flammenwasser. Er heißt auch »Styx«, das ist der trübe, abscheuliche, verhaßte, der sich furchtbar macht. Er heißt auch »Lethe«: Fluß des Vergessens. »Bedenke, daß mit jedem Atemzug ein ätherischer Lethestrom unser ganzes Wesen durchdringt, so daß wir uns der Freuden nur mäßig, der Leiden kaum erinnern ...« (Goethe).

Auf dem Ionischen Meer hat Bachofen, 1851, in sein Tagebuch die folgende Notiz gemacht: »Was allen Ansichten in Griechenland einen ganz eigentümlichen aber stets erhabenen Ausdruck leiht, ist die Verbindung von Wasser und Land, von Berg und Meer zu einem Ganzen, in welchem keiner der beiden Bestandteile sich dem andern unterordnet. Alles wirkt in gleichem Grade zusammen, und weiht uns so, gleich beim ersten Schritte, den wir tun, ein in das Geheimnis, ich möchte sagen Genius der hellenischen Natur und alles hellenischen Lebens überhaupt, der in dem Zusammenwirken und in dem Ebenmaße aller Teile besteht, wo alles sich gegenseitig ergänzt, beschränkt und läutert. Was dem Altertum und allen seinen Schöpfungen den großen Charakter leiht, den wir nicht mehr erreichen, jene Verbindung der höchsten Fülle mit dem höchsten Maße, woraus die Vollendung von Form und Inhalt von selbst sich ergibt, das findet sich unter jenem Himmelsstriche in der leblosen Natur vorgebildet und aus ihr erst in den Geist des Volkes übertragen.«

Kythera

Kythera, die vor dem Peloponnes gelegene Insel, wird neben Zypern als Heimat der Aphrodite genannt. Tatsächlich hat Aphrodite noch andere Geburtsorte, oder anders ausgedrückt: Wie alle Götter, Mythen und Heroen ist sie ein Wandelstern und eine immer wandernde Erscheinung, und die Rivalität verschiedener Zonen und Punkte um die Ehre, das Zeugeglied, der Mutterschoß, die Wiege oder das Grab unsterblicher Geister zu sein, ist nur eine Seite ihrer Allgegenwart und Unfaßbarkeit. Sie gleichen den Luftgeburten, die dem »symbolträchtigen Gefäß« in Goethes »Pandora« entsteigen: »Und irdisch ausgestreckten Händen unerreichbar jene, steigend jetzt empor und jetzt gesenkt, die Menge täuschten stets sie, die verfolgende.«
Es ist ihr Schicksal, durch unsere Phantasie und durch unser Bedürfnis einem vielfältigen Gestalt-, Bedeutungs- und Ortswechsel unterworfen zu sein. Das erfährt auch die Göttin der Schönheit und der Liebe. In der Literatur finden wir sie bald da, bald dort. Nach Hesiod ist die Schaumgeborene zuerst in Kythera an Land gegangen und erst später nach Paphos auf Zypern geflohen. Bei Homer heißt sie Kypris. Wieder einer anderen Überlieferung zufolge wurde sie in Zypern als »Syrerin« verehrt; von dort sei ihr Dienst durch die Phönizier nach Kythera gebracht worden. Ihr erstes Bild sei jedenfalls auf Zypern gestanden. Es hatte einen

Bart, männlichen Wuchs und weibliches Kleid, auch waren ihm ein Zepter und Waffen beigegeben. In Attika wurde sie zu einer bestimmten Zeit im Mond erblickt; dort haben ihr Männer im Weiberkleid und Weiber im Männerkleid geopfert.

Es gab noch mehr dergleichen Verschränkung und Verschmelzung von Gestalt und Geschlecht etc., und dogmatische Vielseitigkeit. Es wird auch erzählt, in Theben sei die Göttin in drei hölzernen Bildern gleichzeitig dargestellt gewesen, und zwar als uranische, pandemische und »abwendende« (apotropaia). In Athen war ihr Kultbild ursprünglich viereckig, in Paphos kegelförmig. Wir kennen das Bild der knidischen Venus, das Praxiteles für Knidos geschaffen hat. Wir kennen die Geschichte der schönsten Frau, die sich vergeblich bemüht, den kalten Adonis zu verführen, der keine Frau, nur die Jagd liebt und endlich als ein Opfer seiner dummen Lust vom Eber zerrissen wird. Die Göttin ahnt sein Schicksal und auch ihres; und als sein schöner Leib zerstört daliegt, beschließt sie, der Welt zu entsagen, die sie erkalten und öde, hart und irr werden sieht. Sie prophezeit, die Liebe werde nie mehr sein, was sie einst war, sondern leidvoll, widerspruchsvoll, verfolgt von Eifersucht und Haß; zuerst süß, dann bitter; zu voll und zu matt; nie harmonisch; voll von unnennbarem Weh, Verrat und Schande, dagegen keine Lust aufkommt. Kaum erblüht, wird Liebe gleich verwelken, im Kerne giftig, undurchschaubar im Betrug. – Darauf sei sie nach Paphos abgeflogen, mit ihren Tauben, um sich dort in klösterlicher Einsamkeit zu verstecken.

Aphrodite ist strenggenommen die Göttin der geschlechtlichen Paarung, und zwar im Sinne der Lust; nicht der

Last. Sie ist das sogenannte Vergnügen; aber auch sie kann zu Bedrückung, nicht nur sehnender (schmachtender) Art, sondern in harte Lagen und selbst zum Tode führen, wenn sie von einem Mächtigeren nicht gebilligt, sondern verdammt wird, wie z. B. die »Aphrodite« (das ist der Geschlechtsverkehr), welche die Mägde der Penelope und des Odysseus mit den schändlichen Freiern hatten. Der Herr befiehlt, diese Weiber allesamt niederzumachen, sie werden aber aufgehängt. An sich übt, lehrt, verursacht, gewährt, ersinnt und praktiziert Aphrodite nichts als die »reizenden Werke der Umarmung«. Aphrodite ist die körperliche Liebe ausschließlich vermittels des Körpers; Eros reicht viel weiter, er lebt nicht im Körper eingeschlossen und ergreift nicht allein den Körper, sondern auch den Geist und wirkt (und schafft) in geistigen Dimensionen; während die allerorten verehrte Göttin Aphrodite an Körpergegenwart gebunden ist.

Der Wein

Auf dem Schild des Achilleus, der in der Ilias beschrieben wird, ist unter anderem auch eine Weinlese abgebildet, auch eine Kelter, aber der Ölbaum nicht; er spielte noch keine Rolle in der Welt Homers. Griechischer Wein ist vielmehr eine Fabel und ein Literaturprodukt als eine sichere Erfahrung. In Griechenland gedeiht die Rebe ohne besonderen Aufwand. Der griechische ist an vielen Orten immer noch der alte Landwein; kein Produkt zielstrebiger Arbeit, erhöhender und stabilisierender Kunst, sondern er gleicht dem

Menschen, der dort auch keine Maschine ist. Er ist nach Ort und Zeit ganz verschieden, wie das Wetter, wie die Laune, wie die Gunst, und lebt nach der Devise: heute rot, morgen tot. Mit andern Worten: man ist nie sicher. Es gibt guten und schlechten Wein, und öfter gar keinen. Und außerdem gibt es ein paar standardisierte, exportfähige Sorten. Berühmt aber, wahrhaft populär, aber nicht immer und überall vorrätig, ist der Rezina, der mit Terebinthin versetzte Wein. Schliemann hat er nicht geschmeckt, der ihn an trockenen Resten in trojanischen Amphoren nachgewiesen hat. Es ist der Wein, den wir lieben, denn wir haben ihn lieben gelernt, und sind jetzt stets enttäuscht, wenn es ihn, was immer öfter vorkommt, einmal nicht gibt.
Griechenland ist – das kann nicht anders sein – reich an Orts- und Flurnamen, die mit Wein und Weinbau verbunden sind. Ein Dorf bei Athen, zwischen Kiphissia und Chalandri, das in die Dichtung eingegangen und nachher in Großathen untergegangen ist, hieß »Ampelokypi« (Weingarten).

Unter freiem Himmel ein runder gemauerter Steinplatz mit kalkweißem Mauerkranz, Durchmesser drei Schritt; das ist die Trotte. Dort werden die Trauben ausgeschüttet, zum Berg gehäuft und niedergetreten; der Most aus der Frucht herausgestampft. Die Keltertreter sind die Söhne des Hauses, vom Vater geführt. Gewöhnlich sind es junge Männer, denen ein Alter vorsteht. Sie treten rings im Kreise an die Arbeit heran und bilden, wie zum Empfang eines gemeinsamen Geistes, mit den Händen eine Kette, und so steigen sie, auf das »Bros!« ihres Meisters, dem der schneeweiße Bart dreifach den schwarzen Mund umspitzt – »Mund schwarz von Rebensaft!« – in den Tretplatz hinein. Der Alte klatscht in die Hände, sie legen einander die Hände um die Schulter und beginnen, auf Kommando, taktmäßig mit den Füßen zu stampfen. Der Greis stimmt einen hohen, bergrückenförmigen Gesang an – es ist wie das Jauchzen eines betrunkenen Totenschädels –, und die ganze Runde fällt mit schwirrenden Bässen ein. Das ist der Chor, vor dem Seufzen und Lachen des Vorsängers verstummt. Die tuchbedeckten Köpfe sind gesenkt, auf den gebeugten Nacken glänzen die einzelnen Wirbel. Arm und Schulter verflochten; ein leibhaftiges Rad, auf dessen Buckeln und Platten die Sonne blitzt. Sie waten in schwarzem Schlamm. Saft spritzt bis zur bleichen Schenkelbeuge hinauf. Sie beschleunigen den Schritt. Drohend schwillt der Gesang. Die Wut ergreift sie. Die weiße Mauer ist durch alle ihre Sprünge von innen her durchtränkt, mit blutigen Rissen genetzt.

Sparta

Das alte Sparta ist, wie es prophezeit worden, fast spurlos verschwunden. Der Peloponnesische Krieg war von Sparta ausgegangen, »wo der Bürger ohne Eigentum, in strenger Ordnung und Unterordnung, ganz Soldat sein sollte«, es hatte die ganze griechische Welt erschüttert und alles, was vor allem in Athen und unter dessen Schutz an Wohlstand, Bildung, Kunst, Ethik und Philosophie gereift war, paralysiert.
Auf dem Wege nach Sparta hatte Kazantzakis den Eindruck: Griechenland zu sehen, sei Freude und

Martyrium zugleich. Er nennt den Taygetos den griechischen Sinai. Von dort habe der Gott, der dort droben stand, die härtesten Gebote diktiert. Sie lassen sich etwa so formulieren: »Das Leben ist Krieg, die Erde Kaserne und Schlachtfeld; sie sind das einzige Reale; schlafe nicht, sondern wache und wecke; schmücke dich nicht und genieße keinen Komfort; lache nur wenn du stirbst; fasse dich kurz mit Worten, rede lakonisch.«

Aber auch Helena, die vielbewunderte und vielgescholtene Frau, ist eine durch und durch absolutistische Natur. Sie hat den Trojanischen Krieg wie die Schleppe ihres Kleides hinter sich hergezogen und war so schön, daß sie nur nackt begriffen werden konnte, weil Schmuck ihren blendenden Reiz geschändet hätte. Der blühende Baum kann überall stehen, aber hier, zwischen Taygetos und Eurotas, bewegt er, nach Kazantzakis, plötzlich dem Atem Helenas gleichend, unsre Gedanken. Eine Erdnatur wie diese, welche Sparta und Mistra trägt und umfängt, ist zufolge eines Gedankenganges, den dieser Kreter unablässig verfolgt, wie das Oben und Unten der Dinge, wie die Paarung von Mann und Weib. Er nennt zuerst den befehlenden Taygetos mit der Kanzel von Mistra; der wunderbare konische Hügel, auf dem heute, gleich verwilderten Blumen und verdorrten Kräutern, die byzantinischen Ruinen stehen.

Mistra ist die am besten erhaltene byzantinische Stadt, und war es noch viel mehr, als, unter Otto I., das moderne Sparta errichtet wurde, mit dem Volk und den Steinen von Mistra. Das längst in alle Winde zerstreute antike Sparta steht auf der Drillbühne seines

Pedion, nur dem geistigen Auge sichtbar, als einzigartige militärische Pyramide da. »An manchen Staaten«, schreibt Burckhardt, »zum Beispiel an der lykurgischen Verfassung Spartas, kann man deutlich den Abdruck jener Grundidee des Staates, der Erzeugung des militärischen Genius, wahrnehmen ... Sparta an sich war gewissermaßen die vollendetste Darstellung der griechischen Polis, zugleich aber bildete es das Gegengewicht zu dem ganzen übrigen, teils anders gearteten, teils ganz anders entwickelten Griechenland, und da ihm in der großen Krisis alles griechischen Lebens zu Ende des fünften Jahrhunderts der Sieg geblieben, so war die Blendung eine große und allgemeine und überdauerte auch das nachherige Unglück. Je tiefer das wirkliche Sparta sank, desto mehr wurde das frühere verklärt. Dieser Staat war eben noch mehr beneidet als verabscheut gewesen und manche andere Polis wäre auch gern so geworden, hatte sich aber andere Kräfte, nämlich Demokratie und Individualismus über den Kopf wachsen lassen.«

Also ist Spartas tyrannische Aristokratie endlich an der nicht mehr zu bändigenden Lebens- und Sterbenslust des freien Lebensgenusses gescheitert, und an dem Umsichgreifen der kühnen Gesinnung: Ich bin ich; und das genügt. Für einen Bewohner der Demokratie im Abendschein des XX. Jahrhunderts, der an den herrschenden Zuständen nicht nur sittlich, sondern auch ästhetisch leidet, ist es ein reinigendes Vergnügen, sich die schlichte Baugestalt des alten Sparta auszumalen, ihre bis ins letzte durchgeführte Objektivität, zweckhaft vereinfacht, so daß Gelaß und Gasse auf jedem einzelnen Punkt, und im Gesamtzusammenhang der

Polis, nichts als ein Rahmen der herrschenden Klasse waren, die in drei Stämme geteilt war, und jeder dieser Stämme (Phylen) in zehn Geschlechter (Obai), deren jedes einen Abgeordneten in den Senat schickte. Die dreißig Männer eines jeden dieser Geschlechter speisten täglich auf Staatskosten an einer gemeinsamen Tafel.

Bachofen 1851 in Mykene

Bachofen 1851 in Mykene: »Hier ist das Altertum des Altertums. Was man in der Ebene Spartas, was man in Messenien und Arkadien sieht und denkt, gehört alles einer verhältnismäßig neuen Zeit an, verglichen mit Argos, Tirynth und Mykene. All den Geschlechtern der Alten, mit denen unsere Geschichte verkehrt, erschienen jene Stätten schon wie uns heutzutage, und der römische Feldherr, der auf Mykenes Burg mit dem spartanischen Nabis seine Unterredung hielt, blickte auf die ihn umgebenden Werke der griechischen Vorzeit ohne Zweifel mit demselben Gefühl stummer Ehrfurcht und bescheidener Unterordnung, die den wißbegierigen Reisenden unseres Jahrhunderts auf einige Stunden seiner Zeit und seiner ganzen bisherigen Gedankenwelt entzieht ... Wie kommt es? Um uns herum ist alles so still und verlassen, so feierlich ruhig, wie ein Schlachtfeld in der Nacht nach dem Ende des Gemordes – und doch scheint es uns, als bewege sich alles voll Leben und Kraft, als schritten hohe, prächtige Gestalten, ›wie damals die Sterblichen waren‹, zwischen Mykene, Tirynth und Argos einher, so daß man in Augenblicken der Besinnung fragen möchte, wohin sie denn nun alle so plötzlich verschwunden sind. Wie es kommt, das wissen die, die an Homeros Freude haben, jenem ›blinden, freundlichen Mann, der die felsige Chios bewohnet‹, dem Greise, wie er war, bevor die Wölfe des Nordens ihn in Stücke zerrissen, wie die Schiffer den göttlichen Orion, dem Manne, der seinem Volke alles gegeben, was es je besessen, und den Geschlechtern, die seither verblüht, mehr als irgend ein anderer ... Der Besuch klassischer Länder ist eine wahre Totenschau. Man setzt mit Odysseus über den Okeanos, um mit ihm auf der Asphodeloswiese alle die Schatten großer Toten, die dort seit Jahrtausenden unsichtbar auf- und abwandeln, für einen Augenblick zum Leben zurückzurufen, und aus ihrem eigenen Munde zu vernehmen, daß sie gelebt, was sie gelitten und wie sie gefallen.

Wie soll ich schildern, was ich nun in schneller Folge sah, die unterirdische Kuppel, die wohl über der Graburne eines Atriden gewölbt worden ist, das gewaltige Mauerwerk, das mit den Felswänden, über die es sich hinzieht, zusammengewachsen zu sein scheint, das Löwentor, die Trümmer der inneren Burgbefestigung, die Pforten und kleineren Öffnungen der Mauer? Vieles blieb mir schon damals rätselhaft und manches ist es mir seitdem noch mehr geworden. Denn es steht mit solchen sprachlosen Resten der ältesten Zeit wie mit dem Sehen im Finstern: wer sich da zu sehr anstrengt, verliert am Ende ganz das Gesicht. ... Versteckt und wie der Löwe in sicherm Hinterhalt, so ruht Mykene auf einem hohen Felshügel, der sich mit seinem schmalen Ende keilförmig zwischen zwei gewaltige Bergmassen hineinlegt. An Gestalt gleicht der von den Mauern umzogene Raum der Stadt einem gleichschenkligen Dreieck, dessen Basis an Länge ungefähr der Hälfte jeder Seite gleichkommt. Diese Figur ist durch den natürlichen Abfall der Felsen vorgezeichnet, auf deren Höhe die Mauer der Stadt, allen Wendungen des Erdreichs folgend, kühn sich dahinzieht. Auf der südlichen Längenseite ist der Abgrund, welcher den Stadtfelsen von dem umliegenden Gebirge trennt, völlig schroff, und von solcher Tiefe, daß man zu dem über das rauhe Felsbett daherrauschenden Bergstrom nur mit dem Anhauch von Furcht und Unbehaglichkeit hinabschaut.

Nach dieser Seite hin erscheint also der Stadtfelsen durch den gewaltigen Sturz und den Strom ganz isoliert. Nicht so auf den beiden übrigen Seiten, wo die Natur mit weniger Kühnheit zu Werke gegangen ist. Die breite Seite des Dreiecks ruht auf einem sanft abfallenden Grunde und ist weitaus die zugänglichste, daher auch künstlicher Befestigung mehr als die übrigen Punkte bedürftig. Hier liegt, nahe der nördlichen Ecke, das berühmte Löwentor, und hier sind auch Richtung und Anlage einer zweiten innern ganz gewaltigen Umwallung aufs deutlichste zu erkennen. Je nachdem man diese überstiegen und zu dem höchsten Plateau des Felsens emporgedrungen ist, findet man hier wieder andere Spuren, die zur Annahme einer innersten und engsten Umwallung nötigen. Ein Befestigungssystem, das in der Verbindung natürlicher und künstlicher Anlagen, in der Einfachheit und Größe seiner Werke, und in der Unzerstörbarkeit des angewendeten Materials den auf Ewigkeit gerichteten großen

Sinn der ältesten Menschheit aufs sichtbarste beurkundet ...
Die Löwen von Mykene erinnern an nichts weniger als an griechische Kunst. Man vermag sie mit nichts zusammenzureimen, was man irgendwo gesehn, selbst nicht mit den ältesten Werken der Hellenen. Betrachte sie recht, und du wirst am Ende völlig klar mit dir selber, hier ist das Überbleibsel einer älteren Kultur, einer Epoche, die dem Hellenentum schon als verschwundene und überwundene Zeit gegenüberstand. Wie Homer stehen sie da, vereinzelte Felsen im Meere, vorher nichts, und lange nachher auch nichts. Asiatisch ist ihre ganze Weise. Sie gehören dem Orient, sie gehören nicht dem hellenischen Griechenland. Wie merkwürdig, wenn es sich erwahren sollte, was einige behaupten, das Material sei auch nicht griechisch, sondern nur in Asien zu finden. Dann wäre es ein Werk, nicht nur dem Stile nach asiatisch, sondern in Asien selbst ausgeführt, und von daher zum Bau von Mykene nach Argos gebracht ... Mir flossen damals, als ich mich auf einem Mauersteine in dem halbverschütteten Torwege zur Ruhe und Betrachtung hingesetzt hatte, die Bilder dieser Dinge mit den Schilderungen der homerischen Gedichte zu einem farben- und glanzreichen Gemälde zusammen. Es ist ganz wunderbar, wie in der Ruhe jener einsamen Gebirgsgegend, die steinernen Werke umher, wie von Hermes' Zauberstabe berührt, Sitten und Gebräuche und die ganze Art ihrer Zeit zu verkündigen anfingen. So weicht vor dem Greise, der unsere Schwelle betritt, die neue Zeit stumm und ehrfurchtsvoll in die verborgenste Ecke des Gemachs zurück. Die homerische Welt, die uns sonst in neblichter Ferne zwi-

schen den Wolken des Himmels schwebte, läßt sich allgemach zur Erde nieder, und erscheint uns jetzt wandelnd und lebend gleich einem Volke von Zeitgenossen. Auf dem Boden, wo wir selbst stehn, bilden sich Gruppen und Szenen, wie unter Hephaestos' Hammer die Reliefs auf Achills silbernem Schilde ... Beispiellos und fast wunderbar erscheint das merkwürdige Zusammentreffen so wohlerhaltener Reste von Schrift und Stein, wovon jedes für sich allein schon unschätzbar wäre. In ihrer Vereinigung dienen sie nun einander gegenseitig zur Erklärung, und zur Belebung. In Mykene werden die Helden Homers zu hohen Gestalten von Fleisch und Blut, und wiederum dienen Homers Gesänge dazu, die Stadt aus ihrem Schutte aufzubauen und ihre Einsamkeit in das geschäftigste Leben der alten Welt umzugestalten.«

Epidauros

Epidauros, einst der erste Kurort der alten Welt, liegt in der nördlichen Argolis, am Südfuß des Arachneion, in schöner erhobener Lage, ein wenig abseits der Straße von Nauplia nach Korinth. Der Weg führt bergauf, wie fast alle Wege, deren Ziel ein Denkmal ist; mehr oder weniger steil, mehr oder weniger hoch. Die Heilkunst stammte von oben, wo die Götter wohnen; sie war personifiziert in Asklepios, einem Sohn des Apollo. Mit der Zeit geht seine Gestalt von den Göttern zu den Menschen über. Bei Homer ist er ein Heros und Vater zweier Feldärzte vor Troja: des Machaon und des Podaleirios. Sie treiben bloß äußerliche Medizin, vor allem

Wundbehandlung; innere Medizin gab es noch nicht, außer der priesterlichen durch Handauflegen, Besprechen, Gebet und Opfer; und das taten auch später noch die Ärzte.

»Die Heilkunst erschien mit dem Orakel aufs engste verschwistert, und war eigentlich nichts anderes als ein Zweig der Mantik. Eine Auffassung, die in ihrer kindlichen Aufrichtigkeit der Wahrheit näherkommt, als dünkelhafte Selbstgefälligkeit sich wohl gestehen mag. Mitwirkung des menschlichen Verstandes wird durch sie nicht ausgeschlossen, vielmehr gefördert. Sie mußte nun hauptsächlich in Beobachtung des Verlaufs und endlichen Erfolgs der Kuren bestehen. So bildete sich auf dem sicheren Boden empirischer Erfahrung nach und nach ein ganzes System der Therapie, dessen Kenntnis im Schoße der geistlichen Brüderschaft des Äskulap bewahrt, durch Tradition fortgepflanzt und durch Lehre und Nachdenken immer geläutert und ausgebildet wurde. Aber als ihr Ausgangspunkt und ihre Grundlage galt bis zuletzt immer nur die gütige mitleidige Offenbarung der Gottheit, die nicht nur Leiden sendet, sondern auch Genesung geben kann.« (Bachofen)

Zu den früheren Tempeln, die stets auf den schönsten Plätzen standen, traten später die Sanatorien hinzu. Die Therapeutik bestand zunächst in einem Reinigen des angegriffenen Organismus, welches zugleich ein Kräftigen bedeutete, durch allerlei Einreibungen, Entziehungen und Gebrauch diätetischer Mittel; darauf folgten Opfergaben und hernach die Inkubation. Der Kranke wurde in Schlaf versenkt, auf daß der Gott ihm, im Traum, das Wesen des Übels und den Weg der Heilung offenbare. Die Traumdeutung ergab dann die Indikation.

In Epidauros war auch ein Schlangenkult eingeführt. »Die Schlange, die, selbst erdfarbig, leicht aus dem Grase hervorgleitet, um sich einen Augenblick nachher wieder unter demselben zu verstecken, die auch allein von allen Tieren sich nie von dem Staub losmachen kann, sie galt schon den ältesten Völkern als das Symbol des wohltätigen, in der Erde Tiefen waltenden Naturgeistes, der alles zeugt, alles nährt, und nach dem Tode in regelmäßiger Verjüngung alles wieder hervortreten läßt ... Daher werden die Schlangen wie in Asklepios' Hand so auch in den Gräbern gefunden, und wie sie dort dem Kranken Heilung und Genesung verheißen, so hier den Entschlafenen einstige Wiederverjüngung.«

Innerhalb des Tempelbezirks, von dem auch das berühmte Theater ausgeschlossen war, durfte weder geboren noch gestorben werden; entfernt von demselben standen, einander gegenüber, Gebärklinik und Sterbehaus. Die Wiedergesundeten stifteten dem Tempel schriftliche und figürliche Votivgaben in Stein, Ton, Wachs und Metall, auch Inschriften mit Beschreibung von Krankheit und Arznei; darunter befand sich die Danksäule des Hippolytos, den der Gott von den Toten auferweckt hatte. Das Museum in Epidauros zeigt unter den vielen Fragmenten von den zerstörten Prachtbauten, Überbleibseln antiker Meißelschnitzkunst, ein großes korinthisches Musterkapitell Polyklets d. J., das regelrecht zur Erde bestattet aufgefunden worden ist.

Vom Theaterbau kann nur ins Gedächtnis gerufen werden, was jeder sagt und jeder weiß: Es ist der am besten erhaltene und wenig kleiner als der in Megalopolis. Nach Bachofen gibt es nichts Vollendeteres. Die Schönheit der Arbeit sei so groß, daß sie jeden Teil derselben, jeden von seinem Platz verrückten Baustein, als Kunstwerk erscheinen lasse.

Bis nach Pergamon, Kos und Kyrene wurde die heilige Schlange von Epidauros ausgesendet, als Rettungsmittel; und weit verbreitet war ein Lied des Simonides von Keos, das er von Hirten in Epidauros gehört hatte: Zuerst gepriesen sei Hygieia, als zweites Leibesschönheit, drittens Wohlstand, aber in Ehren, viertens: mit Freunden zusammen sich freuen ...

KORINTH

Ich bin jetzt jeden Morgen auf den Höhen des Korinthischen Isthmus, und, wie die Biene unter Blumen, fliegt meine Seele oft hin und her zwischen den Meeren, die zur rechten und zur linken meinen glühenden Bergen die Füße kühlen.« Das hier von Hölderlin ausgedrückte Gefühl einer wunderbaren Szenerie kann man immer teilen, denn die Gestalten und Grenzen von Erde und Meer sind noch dieselben, und die hochgebaute, ausgedehnte Riesengestalt von Akrokorinth steht da in ungeminderter Erhabenheit; aber auch drunten, in der Tiefe, das hundertjährige technische Riesenwerk des Kanals ist nicht zu verachten.

Von der einstigen spezifischen Pracht der reichsten Handelsstadt ist wenig übriggeblieben. Da kann man nur wieder Bachofen zitieren: »Welcher Augenblick, da zuerst die runde Kuppel der mächtigen Akrokorinth mit den Wällen, die ihren Scheitel umziehen, in dem Gold der letzten Sonnenstrahlen unserem Auge erschien. Die bloße Erinnerung daran kann, für eine Weile wenigstens, die düsteren Augenblicke erhellen. Von allen Bildern, mit denen Griechenland mein Inneres bereichert, ist das das größte. Auf dem Höhepunkt des Isthmus angelangt, hielten die Pferde wie von selbst inne ...«

Die alte Pracht besteht in fünf übers Eck mit Balken verbundenen und zwei ledig stehenden dorischen Säulen eines Apollotempels. Dazu kommen einige große, in Felsen gehauene und wie mit Bastionen umgebene Brunnenstuben, und auf Akrokorinth die weitläufigen Reste der Burg, ihrer einst unvergleichlichen Krone. Die Peirene-Quelle und andere alte Brunnenschächte und steinerne Brunnenränder erinnern an das Bedürfnis einer zahlreichen Bevölkerung. Die Geschichte korinthischer Fruchtbarkeit ist bekannt. Es hat die Welt in seinen Mauern gesehen, und der ganzen Welt ist seine Qualitätsware bekannt geworden. Es war auch der Ort, an welchem Diogenes den Herrn der Erde bat, ihm aus der Sonne zu gehen, und die Schönheit der Lais blendende Strahlen warf, mit der kein anderes sterbliches Weib um den Preis des Goldenen Apfels streiten konnte.

NAUPLIA

Nauplia wird von Fermor ein Ringelreihen und Reigenlied genannt. Das klingt so wie es aussieht. Es steht am Strand einer stillen Bucht und hat hinter sich einen hoch und weit geschwungenen Berg von glänzender Blöße, den Palamidi. Auch seine innere Gestalt, in der geringen Tiefe zwischen Sandstrand und Bergwand, ist voller Anmut und so reich an Reiz, daß wir, in kahler Mauern Enge, wie an blühende Ranken streifen. Manchen Flecken und Streifen an ihr bedeckt etwas wie griechisch-türkisch-venezianische Weberei. Den Namen hat sie von Nauplios, einem Sohn Poseidons, dessen Sohn Palamedes die Burg getauft hat.

Um 1300 nahmen Nauplia die Venezianer, 1395 die Türken, 1686 wieder die Venezianer, 1715 wieder die Türken. Anno 1823 nahmen es endlich die Griechen, und es ist heute noch griechisch, griechischer als zuvor. Die Geschichte ging aber weiter. Nach dem Landtag in Argos, 1829, war es Regierungssitz unter dem ersten Präsidenten Kapodistrias. Dort ist König Otto I. gelandet, um sein Königreich in Besitz zu nehmen. Dort hat Kapodistrias einen seiner gefährlichsten Kontrahenten unter den Parteihäuptern, den Petrobey Mavromichalis von Mani, eingesperrt, und dort hat er selbst, ein Opfer seiner Politik und der Rache der Manioten, den Tod gefunden. Und zwar in der Kirche des heiligen Spiridion: der Kybernetes wurde, nachdem er die Kirche betreten hatte, von den zwei, zu beiden Seiten der Türe stehenden Rächern mit zwei Schüssen niedergestreckt. Evi Melas meint, dieser sonst überragende Mann habe seine Landsleute wenig gekannt und vor allem ihre »Philotimo« (so etwas wie Ehrgeiz) unterschätzt; andrerseits habe er sie aber auch durchschaut: Als sie nichts von Kartoffeln wissen wollten, deren Anbau er erzwingen wollte, um dem Hunger abzuhelfen, ließ er ein Kartoffelmagazin zum Schein bewachen; die Posten hatten

Order, sich blind zu stellen. Was geschieht? In der Nacht schleichen sich die Griechen als Diebe ins Magazin ein und stehlen die Kartoffeln vor den »blinden« Augen der Posten – und dem Anbau der Kartoffel stand nichts mehr im Wege.

Auf der Uferpromenade in Nauplia steht die Herme der berühmten Bouboulina, die, nachdem ihr Mann gefallen war, selbst seine Schiffe gegen die Türken führte.

Zu Häupten der lieblichen Stadt, auf Palamidi, war noch bis in unsere Zeit ein Gefängnis eingerichtet, und auf dem in der Hafenbucht aufgemauerten Inselchen Burtzi wohnten die Henker. Das Gefängnis droben unter dem Himmel war ständig übervölkert und bot in seinen vergitterten Höhlen und von Zinnen umkränzten Höfen den Höllenbreughel eines Lumpenpacks von Delinquenten, darin noch dazu, ungeachtet des Elends der Gefangenschaft, ein ununterdrückbares Element krasser Laune exzedierte! – Und am lustigsten und frechsten gebärdeten sich vor allem viele zum Tode Verurteilte. Gehenkt wurde reihenweise einmal im Jahr.

Delphi

Mitten in Griechenland, in der Provinz Phokis, liegt Delphi. Wir kommen vom Korinthischen Meerbusen und fahren über Galaxidi, Itea und durch den großen, ganz ebenen Olivenwald hinein; an seinem hinteren Rande hebt sich der Weg in langen Kurven steil empor. Es sind die vorderen Riesensockel des Parnaß, der hinter ihrer Steilheit verborgen ist.

Vom Dorfe schauen wir zurück: in geräumiger Tiefe

liegt unter uns ein vorne grünes, hinten blaues Meer; zwischen Bergrücken in Armen ausgebreitet; es ist, wie ein grünes, molkiges Wasser, der Ölwald, durch den wir gefahren sind, und darüber die spiegelklare Bucht von Itea. Dann treten wir um eine Bergkante herum, und da: zwischen den drohenden Höhen des Parnaß und den schroff absausenden Felswänden der Phädriaden einerseits sowie der nicht weniger schroffen Tiefe des Pleistos, der dort am Fuß der Kirphis fließt, liegt, eingeräumt in einen vom Berg umschlossenen Seitenraum des Tales, Delphi. Ein Anblick, wie er großartiger nicht sein kann. Wilde, felsenträchtige, bis an die nackten Wände dicht bewaldete Berge; Höhe und Tiefe in einem Zug; und mittendrin, zwischen oben und unten, in den ausgearbeiteten Felsen des Berges das zertrümmerte, zerschrotete, wiederaufgedeckte und in einzelnen Resten wiederhergestellte Heiligtum!
Delphi war der Sitz des berühmtesten Orakels und für die Griechen außerdem der Nabel der Welt. Dort waren die beiden Adler des Zeus, die er von den Enden der Welt her gegeneinanderfliegen ließ, zusammengetroffen. Es war lange Zeit der geistige Mittelpunkt Griechenlands. Der Parnaß galt als der höchste Berg weitum, er ist der griechische Ararat; auf seiner Spitze sind Deukalion und Pyrrha der Sintflut entronnen; auf seinen Alpweiden haben sie herumliegende Steine hinter sich geworfen, und daraus sind die neuen Menschen entstanden.
Wer sich in Delphi umsieht, jeder von uns, gewahrt die Spuren und Folgen großer, umstürzender Erschütterungen; er sieht das Werk grober, zerreißender, zerspaltender Mächte; und daneben und darüber, in der hoch

hinauf- und tief hinabreichenden Luft, eine pfeilgerade, strahlenreiche Fülle des Lichts. Dort hat Apollo den Python zur Ruhe gebracht und dadurch Götterwesen und Menschenwelt verändert. Dort fließt der Kastalische Quell. Dort hat ein Hirte beobachtet, daß seine Ziegen anfingen zu exzedieren, nachdem sie in einen Erdspalt hineingerochen hatten. Das war das Loch, über dem später auf einem goldenen Dreifuß die Pythia saß, einatmete und orakelte, daß keiner sie verstand. Darüber war der große Tempel gebaut, dessen vorderer Giebel Apollo mit den Musen zeigte, der hintere aber seinen Bruder Dionysos mit den Thyiaden. Das waren betrunkene und im Rausch rasende Frauen. Sie schwärmten am Parnaß jedes dritte Jahr mitten im Winter. Da kamen die Frauen aus den umliegenden Ländern von weither dazu, sogar aus Attika, um an den Freuden, welche Dionysos schenkt, teilzunehmen. Es wird überliefert und es ist vorstellbar, daß zu dieser Jahreszeit, so hoch im Gebirge, öfter die Gefahr bestand, zu erfrieren oder im Schneesturm umzukommen. Und da liegt's, was uns den Ausbruch und den Genuß einer lauten, ausschweifenden Lust zugleich als Bußdienst im Kampf mit den Elementen erscheinen läßt; als eine hinreißende Orgie, die im Grunde Schmerz war, auf den sie hinarbeitete und der sie beendete. – Herbert Zbigniew meint, die Landschaft von Delphi sei eigentlich unbeschreiblich, denn sie setze Phantasie und Beschreibung außer Kraft. Und mit Ironie zitiert er eine Reihe großer Ausrufungszeichen: sie seien alle nichtssagend. »Delphi ist ein mantisches Flüstern durch den Marmor unter Bergen, das Hinsterben einer murmelnden Quelle«, sagt Fermor.

Steht die Sonne im Mittag, ist die Luft voll schmetternder Glut. Die Spiegelflügel der Phädriaden brechen wie Tafeln schmelzenden Metalls in grellfarbige Flammen aus. Die Hitze dröhnt. Es ist ein Getöse, das, zugleich gedämpft, vorstellungsweise an das Lallen der Pythia im Kampf mit dem Echo des Tempels denken läßt.

Bei aller uralten Bücherfreundschaft und Gedankenbuhlschaft mit den antiken Steinen, die unvergleichliche, und vergleichsweise unbelohnte, Kunst geformt hat: sie sind uns, so spät sind wir, schon ewig fremd; aber noch viel unverständlicher bleibt uns im Grunde die Menschenrasse, die das alles in nie ruhender gegenseitiger Übertreffungssucht geschaffen hat und, in der Sprache Pindars zu sich selbst verständlich sprechend, die wir nicht verstehen, die pythischen Siege feierte. Seferis sinniert vor dem berühmten Wagenlenker: »Man begreift nicht und findet sich nicht zurecht; dann versucht man sich an die Einzelheiten zu klammern; an die mandelförmigen Augen mit dem scharfen, durchsichtigen Blick, an das willensstarke Kinn, an den Schatten um die Lippen, an die Knöchel oder die Fußnägel; an das Gewand, das einer Säule gleicht – man schaut seine Nähte an, die gekreuzten Bänder, die Zügel in der rechten Hand, die dort zusammengeknüllt verharren, während die Pferde in den Abgrund gestürzt sind. Doch dann stört die Analyse. Man hat den Eindruck, einer Sprache nachzulauschen, die nicht mehr gesprochen wird. Was bedeuten diese Einzelheiten, die keine Kunstfertigkeit sind? Wie sie in dem Ganzen verschwinden! Was gab es hinter dieser lebendigen Gegenwart? Eine andere Art der Gedanken, eine andere Art der Liebe, eine andere Art der Ideale. Wir haben an diesen uns gebliebenen Resten wie die Ameisen und die Bienen gearbeitet. Wie nahe sind wir aber ihrer Seele gekommen – ich meine dieser Anmut, als sie blühte, dieser Kraft, dieser Bescheidenheit, und alldem, was diese Leiber darstellen? Dieser sicheren Inspiration, die das leblose Kupfer dazu befähigt, die Gesetze unserer Vernunft zu übersteigen und in eine andere Zeit hinüberzutreten, wie das, das dort im Museum steht ...«

Delphi hat lange geistig geherrscht in Griechenland, und es war, nach allem was wir wissen, eine lichtvolle, wohltuende, tolerante Autorität. Aber der Niedergang kam auch hier in den bekannten menschlichen Formen der Selbstsucht, der politischen Intriganz und der intellektuellen Unredlichkeit. Die Priesterschaft selbst machte sich sträflicher Einlassung schuldig, und dann traten fremde Machthaber in Delphi als Heuchler und Räuber auf. Nachdem die Phoker es kriegerisch besetzt und seine Schätze für den zehnjährigen Krieg (355–346) hergenommen hatten, waren die Überbleibsel noch so groß, daß Nero allein 500 eherne Statuen wegnehmen konnte; nachher zählte Plinius noch immer 3.000 im Tempelbezirk und in den Schatzhäusern. Später hat noch Konstantin dort geplündert.

Zum letzten Mal hat das dahinsterbende Orakel zu Julian, dem Apostaten, gesprochen, der den alten Glauben wiederherstellen wollte. Vor seinem Zuge nach Persien (362) hat er das Orakel befragt; es hat ihm diese Antwort gegeben, die wie das Zusammenbrechen eines Todmüden und wie das Hereinbrechen der Todesnacht klingt: »Saget dem Könige – das einst herrliche Haus liegt zu Boden gestürzt – Phoibos hat keine Wohnung mehr hier – keinen weissagenden Lorbeer – auch die Quelle spricht nicht mehr – versiegt ist das schöne Gewässer.«

Hinter Delphi, wo die heilige Straße nach Osten und in den Südosten nach Athen führt, steht zuerst, wie Delphi an einen Absturz des Parnaß geschmiegt und steil wie eine Leiter, Arachowa; eine imposante Karawanserei. Wieder eine Wegstunde weiter erfreut der Anblick des byzantinischen Heiligtums von Ossia Louka unser Auge; und dann kommen wir, wo der Weg nach Doulia abzweigt, an die Stelle der »Schiste«, des »Dreiweges«, wo Ödipus den Vater erschlagen hat.

III

Homer

Am Anfang der griechischen und der europäischen Literatur steht Homer. Er steht mit geschlossenen Augen da und hält die dichterischen Gesetzestafeln der »Ilias« und der »Odyssee« im Arm. Seine Herkunft und Lebenszeit sind dunkel, und die Bewerbung von mindestens sieben Städten um den Titel: »Wiege des Homer« trägt nichts zur Erhellung bei. Philologischer Forschung zufolge stammt er aus der östlichen Ägäis oder aus dem westlichen Lydien, aus der Gegend von Smyrna.
Die Höhe seiner Werke, ihre Mustergültigkeit, sagt uns, daß er bereits auf vielen Stufen steht, die andere vor ihm gebaut haben. Er hätte ohne das auch nicht den Bogen und den Pfeil für Jahrtausende gehabt. Die Vollendung der Form, durch die er den gewaltigsten Inhalt bewältigt, zeigt ihn als einen, der eine lange Tradition krönt und gleichzeitig weit über diese hinausweist. Wir vereinigen unter seinem Namen ein verschiebliches Gewölk, aus Fabeln und Theorien zusammengeballt, mit den festen und sicheren, von Wahrheit und Schönheit leuchtenden Gestalten seiner »Ilias« und »Odyssee«.
Ein Altersunterschied, und die Mutterschaft der »Ilias«, sind beiden anzusehen; oder stehen zwei verschiedene Autoren ganz nahe beieinander? Sie konnten leise mit-

einander reden; und der Jüngere hat stärker individualisiert? Schon Pindar und Aristoteles, die ja selbst Griechen waren, haben Homers Genialität, die allesdurchwaltende Anschaulichkeit (Enargeia), hervorgehoben, die wir, bis auf den heutigen Tag, nicht genug bewundern konnten, und die wir nicht wirklich ehren. Sie macht uns glauben, daß wir selbst sehen und selbst gesehen haben, und zwar alles und jedes; wir nennen nur den Tod des Alkathoos, dem Idomeneus den Speer ins Herz gestoßen hat: Da sehen wir die feststeckende Lanze mit den verebbenden Schlägen des verblutenden Herzens zittern und wanken; und stillstehen; gleich dem entfliehenden Blut und Leben schwankt, schwebt und senkt sich, bis er stillsteht, der Speer.

Gregorovius meint, die Gestalten Homers seien so wirklich und fest für uns wie historische Tatsachen, nur eine Erdrevolution könne sie uns entreißen; sie wurzelten wie Naturgebilde in einer lokalen Wirklichkeit; man denke sich nur einmal die Odyssee aus den griechischen Inseln weg, so fände man sie entgeistert und entzaubert; Korfu z. B. verlöre mehr an Reiz durch den Verlust von Odysseus, Alkinoos und Nausikaa als durch den Verlust seiner prachtvollen Oliven.

Das ist heute wohl nicht mehr so wahr wie noch vor hundert Jahren, wenn auch als Übertreibung; in hundert Jahren aber dürften selbst Griechen bereit sein, für die letzte Olive sämtliche Hexameter dahinzugeben. Schon hat Kazantzakis alles darangesetzt, in seiner mehr als doppelt so umfangreichen, dreimal so abenteuerlichen, ungeheuerlichen und bilderreichen antihomerischen »Odyssee« das klassische Muster auszulöschen; mit einer schöpferischen Furie, die beispiellos und ganz modern ist. Und da sehen wir erst im Vergleich, wieviel Menschenhuld der Menschenschuld bei Homer die Waage hält. Und eine Entscheidung wie diese, daß Odysseus eine Göttin wie Kirke verläßt, die ihn bittet, bei ihr zu bleiben und ihm selbst Unsterblichkeit verspricht, um heimzukehren an die Seite seiner sterblichen Frau, wäre hier lächerlich; hier ist keine Spur mehr von einer sittlichen Diskretion für Götter und für Menschen. »Dysseas« ist ein monströser Desperado, der die bewohnte und die unbewohnte Erde durchschweift. Der Dichter selbst nennt ihn »poniros«, böse. Der Freund des Dichters, Prevelakis, hat mehr als zweihundert entsprechende Beiwörter gezählt; die drei wesentlichsten Haltungen aber seien: Unmenschlichkeit, Desperation (damit ist Desperadotum gemeint) und Nihilismus.

ATHEN

Strahlend, veilchenumkränzt, vielbesungen und nie genug besungen nennt Pindar die Stadt. Sie wird die Quelle alles Guten genannt, das im Verhältnisse von Göttern und Menschen letzteren zufließen und von ihnen hervorgebracht werden kann. Was Homer von Menschenart und von Einschreitungen und Schutzhandlungen der Götter gesungen hat, finden wir später, unter andern Verhältnissen, in Athen, in einer Art von städtischer Geistesschule, wieder. Es war die tausendjährige Arbeit dieser Stadt, das Maß vollzumachen, das dann als Füllhorn über die ganze Welt ausgeschüttet wurde.

Weitverbreitete Kräfte, vor allem von jenseits der

Ägäis, sind mit der Zeit von überall her in Athen zusammengeflossen. Dort trat im 6. Jahrhundert Solon auf, der konzentrisch zugeführten Lebenskraft, die sich von nun an innerhalb des festen Kreises der Polis als schaffend erweisen sollte, mit unmittelbar einleuchtenden und zugleich weit vorausschauenden Gesetzen voranzuschreiten. Er war nicht das, was wir einen Führer nennen. Er stand innerhalb einer Genossenschaft von gleichgebildeten, gleichbefähigten Männern; er mußte sein Recht beweisen, und das Gelingen war das Kriterium der Wahrheit. Er sprach die Sprache, die jeder verstehen mußte, wenn keine Willkür entgegenstand.

Solon stammte von König Kodros ab, »der in den Tod ging, um sein Volk zu retten«; im Gegensatz zu den meisten Königen, die unsere Geschichte nennt. Das war vierhundert Jahre vor Solon, um das Jahr Tausend herum, gewesen: Athen war im Krieg mit den Dorern, und seine Aussichten waren schlecht. Da hörte man das Orakel sagen: Athen wird siegen, wenn der König stirbt! Darauf ging Kodros, als armer Mann verkleidet, ins feindliche Lager und belästigte einige der Männer dort so lange, bis einer ihn erschlug. Als sich dann herausstellte, daß es der König war und ein Orakelspruch sich erfüllt hatte, räumten die Dorer das Feld, und Athen war gerettet und freute sich des Friedens.

Solon war weitgereist, er hatte auch in Ägypten studiert und sich zuerst der Dichtkunst ergeben. Er machte sich zum Meister Athens, indem er die bestehenden Parteien und ihren Streit der Gemeinschaft dienstbar machte. Das Gesetzeswerk des Kommunalpolitikers und Staatsmannes wurde, auf Holztafeln geschrieben,

auf der Akropolis aufgestellt; es ist in Versen abgefaßt, es sind metrische Paragraphen, und wir könnten von ihm mit einem hier abgewandelten Wort Rankes sagen, er habe das Wasser der Politik in die Weinschläuche der Poesie gegossen.
Plutarch umschreibt die Baukunst Athens ungefähr so: Sie sei in kurzer Zeit wie für die Ewigkeit geschaffen worden; der neueste Bau stehe so wie von jeher da, und der gealterte wirke noch immer schön wie am ersten Tag.
Gregorovius schreibt: »Von Athen, einem Gemeinwesen freier Bürger, klein an territorialem Umfang und gering an staatlicher Macht, sind unermeßliche Wirkungen in das Weltleben ausgegangen. Sie haben sich nicht in der Form großer geschichtlicher Handlungen und Völkerbeziehungen und jener kaum unterbrochenen Reihe von politischen und sozialen Schöpfungen dargestellt, wie sie Rom hervorgebracht hat. Die an der Menschheit bildenden Kräfte der Stadt Athen gehören dem Reich der zeitlosen Ideen an. Denkgesetze, allseitige Welterkenntnis, Wissenschaften, Sprache, Literatur und Kunst, Gesittung, veredelte Humanität: das sind die unsterblichen Taten Athens gewesen.«
Droysen schreibt: »In alle Richtungen des geistigen Lebens kühn und schöpferisch voranschreitend, ist Athen der Mittelpunkt geworden. Themistokles ist an Kühnheit der Gedanken und Tatkraft, sie auszuführen, der größte Staatsmann Athens gewesen.« – »Auf dem Boden des großen Rom«, schreibt Gregorovius, »verzehrt die kosmopolitische Luft das Persönliche; das Ereignis und sein Weltbezug ist dort gewaltiger als die geschichtliche Individualität. Aber in der räumlich

beschränkten Geisteswelt Athens ist das Ereignis das Geringere, das Höchste der Mensch in seinen eigensten Idealen selbst ... Die Denker, die Dichter, die Künstler dieses Freistaates erfaßten die höchsten Probleme des Geistes im Reich der Einbildungs- und Erkenntniskraft; sie lösten dieselben durch das vollendete Kunstwerk oder überlieferten sie der Menschheit als ihre ewigen Aufgaben.«

Panajotis Kanellopoulos schreibt: »Erst mit der wunderbaren griechischen Verbindung von Schöpfung und Spiel hat sich die unbewegliche Ewigkeit allmählich in Zeit und Geschichte verwandelt. Spielend gelangte der Geist der Griechen bis zu den Gipfeln des Olymp und bis in die Tiefen des Hades; bis zu den Säulen des Herakles und zu den Felsen des Kaukasus; er sah dort Prometheus gefesselt, nicht als geduldigen Märtyrer und Heiligen, sondern als einen trotzigen Gefangenen, als den Zeus-Verneiner ... Und so spielend gelangte der griechische Geist zur Tragödie, zur Philosophie, zur schöpferischen Konzeption des Lebens, zur Agora, dem Markt als Mittelpunkt des öffentlichen Lebens, zu den Wettkämpfen, zur Politeia, der Lebensform der Gemeinschaft.«

Als der bereits vielgereiste Friedrich Theodor Vischer 1840 nach Athen kam, sah er »zum erstenmal, was es darum sei: edel und menschlich gehen und den Körper tragen«. Er schreibt: »Wie ganz gemein, skurril und ärmlich erschien mir die träge, plumpe, schlaffe Art, wie wir unsern Körper einsinken und, von der gebietenden Seele gelöst, frei für sich als schwere Materie handeln lassen, neben diesem stolz aufgerichteten Haupte, diesem Schwunge des Halses, dieser herrlich hochgewölbten griechischen Männerbrust, diesen zurücktretenden Schultern, der freien, geraden Säule des Rückens, diesem elastischen, schwebenden und doch gravitätischen Gange! Und dies ist nicht Dressur, wie bei unseren Soldaten, oder wie uns der Tanzmeister abrichtet, sondern es ist noch in der Rasse, es ist noch als Instinkt im ganzen Stamme. Daher wird diese Herrschaft der Seele in ihren Gliedern zur anderen Natur und erscheint in der höchsten Strenge zugleich als höchste Leichtigkeit.« Wir erlauben uns, hier ein Epigramm anzuschließen, das, ohne Kenntnis dieser Bemerkungen Vischers, zur Zeit der Junta-Herrschaft entstanden ist:

Des Griechen Gang ist aufrecht, frei und schwebend
So wie sein Geist und seiner Sinne Land,
Im Meer wie auf der Erde lebend
Spuckt Knoblauch er auf jede Kerkerwand!

Henry Miller verdankte Athen, wie er in dem Buch »Der Koloß von Marussi« schreibt, das Erlebnis des Wassers, des heilig nüchternen Wassers, das in den Gaststätten in Gläsern serviert wird und das er so nie zuvor an einem andern Ort der Erde gesehen hatte, nie und nirgends so rein und so reich. Diese zahllosen Wassergläser glänzten in der schwülen, dunklen Nacht von Athen wie ein anderes Sternenzelt.
Er geht in der Stadt umher und sieht den erstaunlichen Brauch: das Glas Wasser, das vor jeden hingestellt wird und überall präsent ist. Und es wird ihm zum Symbol der Liebe. Er wandelt durch die staubige Nacht und berauscht sich an seinem Anblick. Ich zitiere frei nach

dem Original: »Liebespaare saßen ruhig in der Dunkelheit und redeten leise miteinander vor einem Glas Wasser. Das Glas Wasser – überall sah ich das Glas Wasser. Es war wie eine Obsession, es zu sehen. Wasser war für mich plötzlich etwas Neues, wie nie gesehen und nicht gedacht. Der Anblick der Liebespaare, die friedlich im Dunkeln saßen und Wasser tranken, friedlich dasaßen und leise miteinander redeten – das war für mich ein intensives Bild des griechischen Charakters. Da war so viel Staub, Dürre und Armut, und über allem die Hitze. Durch alles hindurch aber waltete die niegesehene Genügsamkeit dieser Leute, und zum Zeichen und Beweis dafür überall das Wasser, das in kleine Gläser eingeschenkt zwischen ihnen stand und das sie tranken. Alles zusammen flößte mir das Gefühl ein, daß dieser nächtliche Park etwas Heiliges sei, etwas Nahrhaftes, Beschützendes, Existenzerhaltendes. Ich ging an jenem ersten Abend in Athen wie verzaubert im Zappeion umher, es war ein mächtiger Zauber, der mir unvergeßlich bleibt. Der Park war von den ärmsten Leuten der Welt bevölkert, und von den liebenswertesten. Ich freute mich, daß ich bei so großer Hitze in Athen war und daß ich die Stadt unter den schlimmsten Umständen kennenlernte (1939). Ich spürte fast körperlich die unverhüllte Kraft der Menschen dort, ihre Reinheit, ihren Adel, ihre wunderbare Resignation. Sie waren in Lumpen gekleidet; aber der Grieche versteht dennoch zu leben, und Armut hat für ihn nichts Degradierendes.«

Auf seinen Streifereien durch die Gefilde von Athen sieht Vischer immer wieder Leute, welche Reigen tanzen. Er schreibt darüber: »Mehrere Kreise hatten sich geschlossen, einer aus lauter alten Frauen bestehend, die ebenso andächtig und ernsthaft wie die jungen ihre monotonen Reigenbewegungen unter jenem melancholischen, schalmeiartigen, näselnden Gesange, der die einzige Vokalmusik der Griechen ist, unermüdlich wiederholten. Diese Alten trugen meist die gröbere Tracht des Landvolks, weiße wollene Röcke mit wenig roter Stickerei, die langen Zöpfe in einem klirrenden Büschel silberner Stäbchen endigend; dagegen erschienen in andern Kreisen jüngere Frauen und Mädchen, die die golddurchflochtenen Zöpfe um das niedere Fez gewunden, die bunte Jacke reich mit Silber und Gold bestickt, und die geschnabelten Schuhe im zierlichen, doch gemessenen Tanze zeigten.«

Vischer will gerne glauben, »daß der Tanz der Neugriechen in seinem Hauptcharakter, einem unter Gesang sich hin- und herbewegenden Kreise, mit einem Vortänzer, der die sehr einfach scheinenden, aber doch nicht eben leichten Schrittbewegungen angibt, von dem altgriechischen abstammt.« Für nicht sicher hält er, »daß der etwas verschlungenere Tanz« – den er am nächsten Tag aufführen sah –, »derselbe sei, den Theseus als Nachahmung des Labyrinths eingeführt haben soll, als er von Kreta zurückkehrte ... Eigentümlich gemessen, ernsthaft bewegen sich die Neugriechen in ihrem Tanze, so mäßig und gehalten, daß es scheint, es sei ihnen in diesem Punkte von den Altgriechen zwar die Semnotis (die Würde und Feierlichkeit), aber nicht das Feuer geblieben.«

Man kann die Griechen heute in Athen nicht mehr so tanzen sehen, während die Akropolis, in ihrer alten

Verstümmelung und von neuen Gefahren bedroht, noch immer droben steht.

Auf der Spitze des Lykabettos, mitten auf dem kleinen gepflasterten Aussichtsplatz zwischen der Kirche und dem Glockenturm, steht neben einer Fahnenstange ein dürftiger Ölbaum. Er hat sich diesen Platz nicht selbst ausgesucht; so hoch dort droben. Sein Stand hat wohl symbolische Bedeutung. Aber an seinen dünnen, krummen Stamm ist ein eiserner Abfallkübel genagelt, der besser an den Fahnenmast paßte. Warum hängt er nicht dort? Das hat wohl auch einen tieferen Grund. Wie der Fahnenmast eigens dort droben aufgepflanzt worden ist, so wurde der Ölbaum eigens dort droben eingepflanzt. Seine kümmerliche Entfaltung sagt, daß es ein harter Stand ist, bei so viel Wind und Glut. Mehr als schmächtig und halbstark kann er nicht werden. Seine spärlichen weißgrauen Ästchen mit den kurzstieligen, lanzettförmigen Blättern sind von derselben feinen Form wie überall. Daran läßt die Natur nicht rütteln. Man könnte auch sagen: »von derselben feinen Arbeit« wie überall, denn die Vorstellung, daß Götterfinger solche Zweige und Blätter gebildet haben, ist stets gegenwärtig, wie übrigens auch beim Lorbeer, bei der Rose, bei der Gardenie.

Was symbolisiert der arme kleine Ölbaum auf dem Lykabettos? Wofür steht er dort? Doch nicht, um den eisernen Mistkübel an die Hüfte genagelt zu tragen. In den Annalen von Athen steht geschrieben, daß der Parthenon zum letzten Mal von einem Lord Elgin geplündert worden ist. Dieser hat ihn ringsherum abgeräumt. Bei dieser Gelegenheit hat er auch aus dem Erechtheion

eines der steinernen Mädchen und eine ionische Säule herausnehmen lassen; dabei ist ein Teil des Gebälks eingestürzt. Ein Grieche, der dabeistand und das sah, rief unter Tränen: »Telos!« – was soviel wie »Finis!«, »Aus!«, »Das ist das Ende!« bedeutet.
Übrigens ist eines der Raubschiffe Elgins bei Kap Matapan gescheitert. Byron hat seinem Landsmann und Standesgenossen im Gedicht »Der Fluch Minervas« ein Denkmal gesetzt, darin er dessen Schandtat geißelt. Minerva spricht, und sie ruht nicht; in einem Furioso geht ihr Fluch von Elgins Haupt auf die Englische Weltmacht selbst über, die überall, im Innern wie im Äußern, an der Themse wie am Ganges, schmutzig und blutig sei; der Nemesis der Sklavenherden aber nicht entgehen werde. Pallas Athene habe Denken, habe Gesetze und Recht, nicht Knechtschaft, gelehrt.

Hyperion: »Ich sah, und hätte vergehen mögen, vor dem allmächtigen Anblick. Wie ein unermeßlicher Schiffbruch, wenn die Orkane verstummt sind, und die Schiffer entflohen, und der Leichnam der zerschmetterten Flotte unkenntlich auf der Sandbank liegt, so lag vor uns Athen, und die verwaisten Säulen standen vor uns, wie die nackten Stämme eines Waldes, der am Abend noch grünte, und des Nachts darauf in Feuer aufging ... Hätten die Schnitter, die dies Kornfeld gemäht, ihre Scheunen mit seinen Halmen bereichert, so wäre nichts verlorengegangen, und ich wollte mich begnügen, hier als Ährenleser zu stehn; aber wer gewann denn?«

Antike

Bei Homer und dem späteren Hesiod fassen wir die ersten Anfänge griechischer Wissenschaft. Hesiod hält in Physiologie und Astronomie schon merklich weiter, und auf ihn folgen die Vorsokratiker. Bei Homer ist die Erde eine runde Scheibe auf dem Meer; darüber steht das Himmelsgewölbe. Von den Sternen werden zuerst Morgen- und Abendstern, Orion, Sirius, die Plejaden, die Hyaden, Arktur und der Große Bär genannt. Die Zeit wird nach dem Stand der Sterne gemessen; es gibt die Dreiteilung der Nacht, die Sonnenuhr, je nach dem Stand der Sonne, und das Mondjahr mit dem Umfang von 360 Tagen. Es folgt die feinere Unterteilung nach dem Prinzip einer vollkommenen Symmetrie; den vollen Monaten mit dreißig Tagen wird ein sogenannter »leerer« mit 29 Tagen zugefügt. Über allem aber, was Beobachtungen zeitigen und Beweise fordern, stehen Inspiration und Intuition; ihre Organe und Beorderten sind Priester und Sänger, gebunden an Zeichen und Eingebung; Gesicht. Durch sie werden Wesen und Willen der Götter und ihre Kompetenzen auf menschlichem Gebiet gedeutet.

Die griechische Religion ist nie eine gestiftete gewesen, sie war immer eine gewordene und werdende; sie ist entstanden und war nie begrifflich fixiert, sondern durch Handlungen anschaulich. Dichterische Phantasie ist die Quelle religiöser Anschauung. Die Epen und die Dramen, das sind die Religionsbücher; andere gibt es nicht. Sie berühren, konzentrieren und verändern alles. Und sie sagen uns alles über Königtum, Volksversammlung, Priestertum, Tempeldienst, Haus und Hof,

Landbau, Seefahrt, Kriegskunst, Hochzeitsbrauch, Erziehung, Heldenverehrung und Totenkult. Allgegenwärtig sind die Musen; sie erscheinen unbeschränkter als ihr Vater Zeus, der vergleichsweise bedingt erscheint; sie ruft der Dichter als Quellen der Erinnerung und Zeugen der Wahrheit an, bevor er in die Saiten der Leier greift. Ihre Gunst gibt jedem griechischen Manne die höchste politische Gabe: Sprache, Wohlredenheit; die Kunst und die Gunst: verständlich, bedeutend und schön zu sprechen.

Außer den gewöhnlichen Leuten gibt es im Volk, und über ihm, Aristokraten; das sind besonders ausgezeichnete und infolgedessen bevorrechtete Männer und ihre Familien; sie haben fürstlichen Wuchs und Rang und vergleichen sich den Königen; es ist auch jeder einzelne von ihnen tauglich, unter Umständen, wenn die Reihe an ihn kommt, zum König gewählt zu werden oder die Königswürde selbstmächtig, gewalttätig zu ergreifen. Mit einem Ausschuß von solchen Großen und Patriden regieren die Könige. Diese sind allerwege Günstlinge der Götter und gewissermaßen selbst von göttlicher Abkunft. Der zum Königsamt Auserkorene – das ist der legitime Erbe, der Gewählte, aber auch der Usurpator – genießt zur Kraft, die das Zepter ihm gibt und die er aus eigenem hat, noch das sogenannte, dem Machthaber verfügbare Königsgut, das ihm zusteht und seine Ausstattung standesgemäß macht.

Ein griechischer Musterkönig ist bei Homer der Vater der Nausikaa, Alkinoos, der die Phäakeninsel Scheria oder Korkyra regiert, und zwar so weise, daß immer innerer Frieden herrscht. Er ist ein Bild des allgemeinen Wohlgefallens. Geschenkefressende, bestechliche Könige, die das Recht beugen und die Menschen verachten, und, wie nicht anders möglich, die Götter nicht in ihrem Herzen ehren, sind den Göttern ein Greuel, und es ist eine Kausalität, daß sie endlich Verderben bringen über das ganze Land.

Ein Beispiel für das Versagen eines Königs, und für die stellvertretende Energie eines andern, findet sich im Zweiten Gesang der Ilias. Agamemnon, von einem falschen Traum betrogen, hat, irrtümlich handelnd, Verwirrung und Aufruhr im Heerlager hervorgerufen. Da eilt Odysseus, die Ordnung wiederherzustellen, durch die Zeltgassen. Er hat dem Agamemnon das Zepter abgenommen; nun hat er die höchste Macht; er ruft jeden Hauptmann zur Ordnung; die Schreiredner und Hetzredner der Anarchie aber, wo er sie trifft, schlägt er mit dem Stab, er herrscht sie grimmig an und befiehlt ihnen zu schweigen. Er trifft auch den Thersites, die Karikatur eines dem Adel stets aufsässigen, nichtswürdigen Demokraten.

Mistra

Mistra, südwestlich von Sparta, war bis zum Freiheitskrieg im 19. Jahrhundert eine den ganzen Berg bedeckende, dichtbevölkerte Stadt. Der Bischof zählte 20.000 Schafe in ihren Mauern. Ibrahim Pascha hat Mistra verwüstet.

Die Gründung geht auf den Erbauer der Burg auf der Spitze des Berges zurück: Guillaume Villehardouin, um 1250. Von dort aus beherrschten die Franken den Peloponnes; und von dort ging die Wiedereroberung durch Konstantinopel aus. Mistra war dann die erste Stadt neben Konstantinopel im ganzen Reich, die fruchtbarste Pflanzstätte byzantinischen Geistes; und wurde immer reicher und eine Schatzkammer, je mehr Konstantinopel niederging, folgte seinem endgültigen Fall aber schon nach ein paar Jahren; 1460 wurde Mistra ein Opfer der Türken. 1834, unter der Regierung Ottos I., wurden die noch zahlreichen Bewohner der Bergstadt veranlaßt, nach Sparta zu übersiedeln, das wiederaufgebaut wurde, und zwar zum Teil mit Steinen aus Mistra, die ihrerseits dem alten Sparta genommen waren.

Noch vieles wäre zu sagen; aber der Besucher von Mistra wandelt wie im Traum. Er fühlt sich wie etwas, das durch Wurzeln aufwärts steigt und in heißer, zitternder Luft leuchtet und duftet; und mit diesem Gefühl tritt er, hinter Kazantzakis, ins Pantanassa Kloster ein: »Der Hof, die gekalkten Zellen strahlten vor Sauberkeit, die Sophas waren mit gestickten Decken überzogen. Die Nonnen eilten herbei. Manche ältere ging von Rheumatismus krumm; andere, jüngere, waren vor Mühe bleich, denn sie mußten für ihren Lebensunterhalt arbeiten; sie beteten und wachten viel und konnten sich nicht satt essen. Sie machten Handarbeiten und stickten allerlei Muster in feines Leinen: Zypressen, Kreuze, Blumentöpfe, Kirchen, Rosen und Nelken. Trauer erfüllte mich, als sie diese Fleißarbeiten stolz vor mir ausbreiteten, so als präsentierten sie ihre Aussteuer.«

Mani

Gythion, an der Ostseite der Halbinsel Mani, am lakonischen Sund, war der Hafen von Sparta und Mistra, von dort führt die Straße quer durch das Land nach der stillen Hauptstadt Areopolis im alten Rückzugsgebiet der Spartaner. Eine Spitze des Taygetos, um tausend Meter niederer als die höchste (2.400), überschwebt den eindrucksvollen Weg in die Vergangenheit eines noch immer nicht gleichgeschalteten Landes; und absteigend reihen sich immer kleinere Bergeshöhen hinab nach Kap Tänaron, dem südlichsten Punkt des europäischen Festlandes.

Der Sangias auf der Höhe von Pyrgos mißt 1.200 Meter. Wer es einmal gewagt hat, auf einen dieser weißen Berge zu steigen, ist nicht leicht wieder aus ihrer Wildnis zurückgekehrt, obschon die beiderseitige Uferstraße nirgends fern und über die Richtung, in der die beiden Meeresbuchten liegen, kein Zweifel ist; der noch nicht beschriebene »Steinschrecken« (wenn es nicht doch Kürnberger getan hat in der Erzählung »Bergschrecken«) hat sich seiner bemächtigt, aber so, daß er nicht fortkam.

Die Mani ist ein extremes Naturereignis, und damit korrespondiert ihre Geschichte, in der weder Slawen noch Türken mitgeredet haben; jene haben nie hingefunden und diese respektierten die Landesbewohner und überließen sie der Selbstverwaltung ihrer Eigenart. Diese besteht vor allem darin, daß es »Steinmenschen« sind und daß sie den »Sonnenstich« haben; im übrigen würdige Patrone und Patrioten.

Die Manioten haben seit jeher die härteste Existenzgrundlage. Das Brot wurde dort dem Stein buchstäblich abgerungen. Der andere, nicht weniger harte »Zeitvertreib« der eingeborenen Männer ist der fortwährende gegenseitige Blutkampf, eine Art ewiger Krieg zwischen Nachbarn, benachbarten Häusern. Es ist ein bodenständiger Krieg, in dem die grundsätzliche Unverrückbarkeit der – man könnte sagen: verwurzelten – Stellungen durch hohe steinerne Schutz- und Wehrtürme demonstriert wird. In der Mani ist jedes Haus ein Ausfallstor und Zufluchtsort; so charakterisiert der Architekt Basiliades unter anderm das kretische Haus.

Wir können an der Erscheinung dieser interkommunalen tödlichen Rechtspflege, die keine höhere Instanz über sich duldete und noch nicht lange tot ist, nicht vorübergehen, ohne bei Fermor die konkurrenzlose Beschreibung nachzulesen, die er in seinem fabelhaften Buch »Rumeli« davon gibt.

Bei diesen Auseinandersetzungen fiel der erste Schlag nie ohne vorherige Warnung. Die herausgeforderte Partei erklärte offiziell den Krieg. Man läutete die Kirchenglocken: Wir sind Feinde! Paßt auf! Dann gingen beide Parteien in ihre Türme, der Krieg war im Gange und jedes Mittel erlaubt. Die blutige Fehde zog sich oft über Jahre hin, und während der ganzen Zeit war es für die Streitenden unmöglich, bei Tag die Türme zu verlassen. Wasser, Brot, Pulver und Blei wurden nachts herbeigeschafft. Die Schießscharten starrten von Gewehren, und diese schliefen nie. Feindliche Dächer, die in Reichweite und niederer lagen, wurden mit Felsbrocken eingeschlagen, man feuerte, leise herangeschlichen, durch jedes Loch und tötete selbst Schlafende. An einsamen Orten, in den engen Gassen und draußen auf den Bergen, wurden Hinterhalte gelegt und einzeln daherkommende Gegner abgeknallt, mit dem Säbel niedergemacht, mit dem Messer erstochen. Jeder Angehörige der feindlichen Sippschaft war dazu ausersehen; der Erfolg wurde freilich am Ansehen der Person gemessen. Wir haben Aufzeichnungen eines maniotischen Arztes aus dem 18. Jahrhundert, aus denen hervorgeht, daß oft langwierige Duelle zwischen einzelnen Männern stattgefunden haben müssen, wobei verschiedene Waffen gebraucht worden sind, wie Krummschwert, Jatagan, verschiedene andere Faustwaffen.

Auch Frauen wurden nicht verschont; sie waren ja als »Gewehrhervorbringerinnen« oder »Gewehrgebärerinnen« zu achten und zu treffen. Selbstverständlich wurde auch versucht, den andern Turm zu stürmen. Gelang es, seine Verteidiger mit Gewehrfeuer niederzuhalten, so konnte man es wagen, an ihn heranzukommen. Gelang es, konnte man unter Umständen wohl auch Brennmaterial um ihn her anhäufen und so hoffen, ihn auszuräuchern. Beim Aufsprengen verrammelter Tore vermittels Pulver sind ganze Türme in die Luft geflogen. Unglaublich klingt, was aber wahr ist: daß ganze Türme auch unter der Einwirkung feindlichen Feuers gebaut worden sind! Und zwar wurden die der gegnerischen Festung zugekehrten Mauern bei Nacht aufgeschichtet, die andern auch bei Tage, und im Schutz der eigenen Feuerkraft an der Vorderfront arbeiteten dahinter die Maurer.

Der Kodex der Vendetta kannte aber auch unter bestimmten Voraussetzungen einen Waffenstillstand, ein solcher wurde auch für die Verrichtung der unerläßlichen Arbeiten, zur allgemeinen Existenzsicherung, gehalten: zur Feldbestellung, zum Ernten, Dreschen, Pressen. Dann schwangen die feindlichen Parteien, oft nur durch eine niedere Mauer oder durch einen Feldrain voneinander getrennt, die Sense oder die langen Stecken, mit denen sie die Oliven von den Ästen schlugen. Solche stillen Pausen wurden natürlich auch für die schleunige Wiederinstandsetzung von Verteidigungsanlagen und die Verproviantierung der Türme benützt. Wenn dann alles auf dem Acker und in der Scheuer verrichtet und Säcke und Krüge voll waren, ging der verrückte Zauber von neuem an, sie mordeten sich weiter.

Es gab aus triftigen Gründen auch einen zeitweiligen Dispens vom Kampf für eine einzelne Person. Das hieß »Xevgalma« oder »Auslösung«. Wer sich also aus einem anerkannten Grunde hervorwagen und wohl auch feindliches Gebiet betreten mußte, der nahm sich einen »Xevgaltes«, einen bewaffneten Neutralen, mit – womöglich einen altangesehenen Nyklier, der ihn sicherte. Man deckte sich und rief dem gedeckten Gegner zu: »Ich habe einen Xevgaltes!« »Wer ist es?« fragte der Feind aus seinem Turm hinaus. »Es ist der und der!« War man einverstanden, konnte ins Freie getreten und der Weg sicher fortgesetzt werden. Ließ sich einer dazu hinreißen, den Xevgaltes nicht nur nicht anzuerkennen, sondern auch darüber hinaus nicht zu respektieren oder gar dessen Schützling anzugreifen, so hatte er selbstverständlich von nun an auch dessen Familie auf dem Hals.

Das logische Ende solcher Kämpfe war die Ausrottung

der einen durch die andern. Wer überlebte, zog fort und suchte sich anderswo einen Ort zum Bleiben. Allen Besitz, den er hinter sich zurückließ, nahmen die Sieger an sich und lebten dadurch neugekräftigt und verstärkt weiter, bis ein irgendwie aufgeflackerter neuer Kampf sie aufs neue herausforderte, in dem dann sie selbst einmal unterlagen. Ein geschwächter Kämpfer konnte aber auch um ein »Psychiko« bitten, das heißt, um »ein Ding der Seele«. Man näherte sich, hinter das Haupt der Familie geschart, unbewaffnet und schlicht gekleidet, in gebeugter Haltung wie die Bürger von Calais, der gegnerischen Partei, die stolz aufgerichtet, von Waffen und Schmuck glänzend, auf dem Dorfplatz sitzend sie erwartete. Die Unterlegenen küßten den Eltern und den andern Verwandten der von ihnen Getöteten die Hände und baten um Verzeihung. Diese wurde gnädig gewährt. Dann diktierte der Sieger den Friedensvertrag, worauf eine oft sehr ungleiche Koexistenz ihren Anfang nahm. War es zu einem Totschlag gekommen, der nicht im Zusammenhang mit der kriegerischen Familienpolitik stand, oder wenn andere besondere Bewandtnisse vorlagen, wie etwa bestehende Blutsbrüderschaft, so wurde nicht der gewöhnliche Kriegsweg zur Vernichtung beschritten, sondern der schuldig Gewordene bot den Beleidigten eine »Psychadelphosyne«, eine Seelenbruderschaft an. Die Familie des Täters drückte Kummer, Mitgefühl und Reue aus, und der Täter selbst erbot sich, der besondere Wohltäter und Beschützer der durch ihn Geschädigten zu sein. Das war, im Gegensatz zum »Psychiko«, für beide Seiten ehrenvoll und oft der Anfang einer wunderbaren Freundschaft.

»Rumeli«

Fermor hat sich schon vor Jahren mit seinem Buch »Mani« einen Namen gemacht und den ausgesprochenen Dank seiner Leser erworben. »Rumeli« ist eine prismatische Fortsetzung; darin, gleichsam mit irdischen und himmlischen Strahlen gemalt, erscheint Griechenland, sozusagen von der Etsch bis an den Belt, das ist von Anatolien bis Apulien. Einzelne Strahlenfinger tasten den griechischen »Erdkreis« noch weiter, nach Asien und Afrika, ab.

Eindrucksvoll ist zuerst die Beschreibung des griechischen Wurzelwerks, im Norden, zwischen Adria und Schwarzem Meer, verflochten in den Charakteren Thrakiens, Makedoniens, des Epirus, im Bogen, der vom Bosporus bis Illyrien reicht. Dort drin, eingemengt, zusammengedrängt, in der Tiefe versteckt, liegt Rumeli wie die Glut unter der Asche. Nun aber wird der unvergleichliche Fermor, dessen Buch kein Ladenhüter ist, als ein Schwankleban seiner tollen Beschreibungen und Erzählungen, seine Leser als Touristenriesenschlange in den noch keuschen griechischen Norden führen. Ein bezaubernder Pionier, der die schlechte Bahn bricht.

Das Buch enthält folgende Kapitel: Erstens: »Die Sarakatsani«. Eine Studie von Land und Leuten, ein Griffelmeisterwerk, eine Expedition voll von Murmeln der Geschichte und des Mythos, im Licht unserer Zeit. Wir sind beim subversiven Element eines unbekannten nomadischen Hellas eingedrungen und noch trunken vom unendlichen Auf und Ab der Wege, Visagen, Sitten und Symbole, und von der Gastfreundschaft. Zweites Kapitel: »Die Klöster der Luft«. Da weiß gleich jeder: das ist Meteora. Ob Fermor jedoch hinuntersteigt in ein dunkles, unbekanntes Loch oder hinauf zu sensationellen, weltbekannten Leuchttürmen, ist insoferne egal, als er das Eine überhaupt, das Andere abermals unwiderstehlich macht. Das ist seine Kunst. Ich zum Beispiel bin schon öfter in Meteora gewesen, doch jetzt mit Fermor wie zum ersten und zum letzten Mal.

Drittes Kapitel: »Das Königreich des Autolycus«. Es führt in die innerbergische Einschicht eines Volks, dessen Vorväter ihr Brot als Spezialisten des Bettelns, Lügens und Betrügens gesucht und gefunden haben. Hier umstrickt Fermor uns mit allen Farben der griechischen Zunge, sie ist phantastisch und so real wie die Zauberrute, womit die Kirke verwandelt und ein Katzimbalis einem Henry Miller die Zeit vertreibt. Überflüssig zu sagen, daß sich »Rumeli« nicht »besprechen« läßt, nur ausrufen, anpreisen.

Viertes Kapitel: »Die Schuhe Byrons«. Die alte Geschichte neu und noch dazu hier bei uns und für uns, wo die Luft von literarischen Nachschrebereien voll ist und alles zu Papier verdickt. Da erleben wir es, daß ein Originalautor einen Faden aufnimmt, der aus einer alten, zerfallenen Dekoration stammt, und der führt wohin? Zur realen Fabel, die in der Gestalt eines bärtigen Mannes, auf seinen Stab gestützt, unter Ölbäumen rastet; der spinnt ihn aus, indem er ihn, wie auf eine Haspel, um seinen runzligen Finger wickelt. Die Phantasie des Autochthonen ist poetisch, und ihre Prägung tief, bei sehr wenig Gefühl für historische Entfernungen; Dinge, welche mit den Grundlagen und Werdetagen Neugriechenlands verknüpft sind, scheinen vom Vater auf den Sohn vererbt zu sein.

Fünftes Kapitel: »Ein Abstecher nach Kreta«. Vierundzwanzig Seiten Landesstreifung. Partisanenerinnerungen des Autors in eigener Person. Übrigens die einzige Berührung mit unserem Jahrhundert. Fermor polemisiert nicht gegen den Krieg, an dem er, freiwillig und notgedrungen, an der Seite der Schwächeren teilgenommen hat. Er unterdrückt auch nicht, fast ihm selbst ins Gesicht, den Fluch oder bitteren Hohn und Spott eines alten Weibes, mit dem es heroischer Taten gedenkt, die zur Vergeltung an ganzen Dörfern führten. Großartig eine bildnerische Beschreibung kretischer Nacht und Morgendämmerung, von oben gesehen, von Bergeshöhlen und Berggipfeln, und drunten das Meer.

»Rumeli« ist ein Füllhorn, reich an Fakten und Reizen – so vor allem an geographischen, philologischen, historischen, ethnographischen, ethnologischen und dialektischen Dingen und Klängen, reich an Modulationen und Melodien. Auch das sechste Kapitel, »Das Helleno-Rhomäische-Dilemma«, ist aus dieser Fülle gespeist. In ihm wird die Rhomäosyne historisch und moralisch begründet und gefeiert, der »Felsen«, auf dem der konkrete Grieche steht, wie auch Ritsos und Lorenz Gyömörey ihn begreifen. Das Schlußkapitel, »Klänge der griechischen Welt«, ist eine Art von poetischem Stichwortverzeichnis, ein Glossarium, mit Andeutungen geographischer und zugleich kulturhistorischer Charaktere, Typen, Essenzen.

Charakter

Das meiste, was über Hellas geschrieben wurde, war mit wenigen abschätzigen und geringschätzigen Seitenblicken auf die lebenden Griechen verfaßt. Friedrich Theodor Vischer war zwar fasziniert von den mitunter herrlichen Gestalten, die er um die Mitte des vorigen Jahrhunderts, in Athen und anderswo, unter Männern und Frauen gesehen hat; er brauchte aber doch noch diesen Trost: »daß die alten Griechen tot sind. Meine Phantasie schaffte gewaltsam jene ganze neue Welt hinweg, um sich den alten Boden völlig rein zu bekommen, und sie schwebte über einem öden, öden Lande, wo keine menschliche Seele zu sehen war, nur da und dort ragten einige Säulen, zertrümmerte Statuen lagen zerstreut, in den Lüften schwebten einsame Adler. Die Griechen aber, die einst hier gelebt, glaubte ich unten im Meeresgrunde zu sehen, ganz klar und lebendig, wie durch das reinste Glas. Wie war ich so froh, sie da unten zu wissen! Ihr seid tot, ganz ordentlich tot, es ist gesorgt dafür, es ist ganz sicher, es ist gar keine Gefahr, daß Miltiades mit einem Schirm, Themistokles mit einem Frack, Perikles mit einer Lorgnette, Alkibiades mit Handschuhen, Sophokles mit Brille und Operngucker, Plato mit einer Tabatiere in die Italienische Oper komme. Euch ist so wohl, so gesund, kühl und kalt in der reinen Behausung der Vergangenheit, aufgebahrt in den kristallenen Grotten der Erinnerung, gesehen durch die durchsichtigen Wasser der altverklärten Geschichte und der läuternden Poesie; kräftige Kälte weht aus eurer kühlen Brust dem müden Betrachter zu und lindert in ihm die heißen Qualen der groß, aber unschön kämpfenden Gegenwart.« Was ist das? Es ist etwas umschweifig; ganz gut in der Vision, aber die ist von Hölderlin, der den Hyperion sagen läßt: »Nun, im Schutt des heiteren Athens, nun ging mirs selbst zu nah, wie sich das Blatt gewandt, daß jetzt die Toten oben über der Erde gehn, und die Lebendigen, die Göttermenschen drunten sind ...«

Es hat hier, bei Hölderlin, aber einen andern, einen höhern und tieferen Sinn; und Vischer vertauscht das geistige Auge, das die Erde durchsichtig macht, mit dem durchsichtigen Wasser; auch sind bei Hölderlin, mit den Toten und den Lebendigen, im Grunde gar nicht die neuen und die alten Griechen gemeint, sondern die Menschen überhaupt, die entweder schon begraben oder noch nicht zur Tat entflammt sind. An die Stelle der Archäologen und Ästheten ist in unseren Tagen massenhaft eine andere Art von Narren getreten, die, zwischen Museumswand und Badestrand – den sie inzwischen erobert und verludert haben –, noch immer nicht der Wirklichkeit gerecht werden, die sie verachten: dem Griechen, der hier sein Leben fristet.

Stärker als anderswo wirkt sich hier mangelnde Sprachkenntnis aus. Griechischkenntnisse sind unter uns seltener als andere, und der Grieche lebt womöglich tiefer in der Sprache als andere, so daß er und der Fremde mehr verlieren als sonst.

Sprache ist für ihn viel weniger, als man glauben sollte, bloßes Verkehrsmittel, sondern viel mehr Ausdrucksmittel; das, worin er denkt und womit er die Zeit vergeudet, wie sonst nur ein Philosoph oder Dichter, und zwar auch der arme, gemeine Mann. Er hat keine Eile, wenn es der Ausdruck, eine Stilfrage, ein grammatika-

lisches oder philosophisches Problem so haben will: daß er einhält, steht und in redender Nachdenklichkeit verharrt, bis das richtige Wort gefunden ist. Erst dann setzt er den unterbrochenen Weg fort, setzt die Handlung wieder ein, geht der Alltag weiter. Sein Sprachgefühl und Sprachbewußtsein ist so natürlich, althergebracht, ausgeprägt und selbstverständlich, ohne Attitüde und Grimasse wie sein »Standesgefühl«; so nennt es Warsberg; bei Gyömörey finden wir die Sache unter dem Begriff der »griechischen Egalität«, die nichts mit dem französischen und nichts mit unserem sozialistischen Begriff zu tun hat; es ist die alte »Isotis«. Warsberg versteht unter Standesgefühl hier nicht etwa das einseitige aristokratische, sondern »Standesgefühl, wie es von unten nach oben und von oben nach unten im Grunde des Wesens überall die Natur gibt; und die Sitte der alten Kultur, einer Bildung, die sich niemals und nirgends so ganz wie die unsrige von der Natur abgewendet hat«. Das heißt: Freiheit und Würde sind auf beiden Seiten dieselbe, und jede gibt und nimmt dasselbe, und es gäbe, in diesem Sinne, keinen gemeinen (ordinären) und keinen vornehmen Mann, sondern überall den »Gentleman«. »Keine Renaissance«, meint Warsberg, »war hier (in Griechenland) nötig, damit die Menschheit gebildet werde: man lebte nur weiter.« – Man kann nicht gründlicher, mit bessern Gründen, zugunsten des Griechen sprechen.
Die Griechen verlangen nach Weisheit; sagt der Apostel Paulus. Perikles sagte zu Sophokles: Ein Feldherr muß nicht nur reine Hände, er muß auch reine Augen haben. Wir verpönen den von unserer freien Presse immer wieder angestrengten Vergleich unserer Demokratie mit

der im alten Mutterland der Demokratie und die Gleichstellung beider; es ist bis zu Solon und Lykurg ein Unterschied von fast dreitausend Jahren; aber im Vergleich mit der Polis ist die moderne Gemeinde ein türkischer Wilajet, das heißt: eine Quantität, die mechanisch verwaltet und ausgebeutet wird. Was aber gar die altgriechische Kunst betrifft, deren, im Vergleich zur einst geschaffenen Fülle, spärliche Überbleibsel uns blenden mit ihrem unvergleichlichen Glanz, muß gesagt werden, daß es eine »in ihrem unerforschlichen (und für uns unverständlichen) Ratschluß« unbegreifliche Natur gewesen sein muß, die es in ihrer »schwer zu hintergehenden Diskretion« so beschieden, definiert und festgesetzt hat, daß die Kunst als solche, wie wir sie begreifen, überhaupt nicht galt. Der eigentliche Meister war die Polis. Und sie war parteiisch, majestätisch und unbarmherzig.

Das »Wunder« der griechischen Architektur und Skulptur war auf handwerklicher, banausischer Grundlage erzeugtes Kultwerk, das uns, in der Bewunderung, um so weniger Intimität erlaubt, als jeder von uns, vergleichsweise, ein forciertes und privilegiertes Individuum ist. An den Ufern des Ilyssos gab es keinen Dispens von der Pflicht und keine Lizenz für die Erzeugung des X-Beliebigen. Dort galt nur die Einheit von Stamm, Sprache, Kult; nicht der einzelne. Auch der Dienst am Schönen war Dienst am übergeordneten Gemeinbesitz. So wird auch Platons oft, aber untriftig zitierte Kritik an der Kunst mißverstanden. Sie betraf nur ihre Abweichung vom objektiven Begriff, ihre Emanzipation vom Gesetz und Bedürfnis der Polis.

Bassai

Hoch droben, in unbehauster und baumloser arkadischer Bergeinsamkeit, steht der Tempel des Apollon Epikourios, des Nothelfers. Er wird als ein besonderes Meisterwerk dem Iktinos zugeschrieben, der den Parthenon und den Mysteriensaal in Eleusis gebaut hat. Andrerseits mutet manches an ihm die Forscher rätselhaft an, so daß die Zuschreibung auch wieder bezweifelt wird.

Man sieht, erkennt und diskutiert an dem Tempel eine Verbindung eigenartiger Widersprüche zu einem neuen Ganzen, das den Blick zugleich vorwärts und rückwärts lenkt, in Vergangenheit und Zukunft blicken läßt. Gruben nennt ihn, am Schluß seiner genauen, ausführlichen Untersuchung, den »spannungsvollsten, vieldeutigsten, aber auch problematischsten Bau der Klassik«. An ihm zeichne sich für uns »zum erstenmal der persönliche Geist seines Schöpfers ab, eines genialen Neuerers, der, obwohl er selbst fest und sicher im klassischen Kosmos stand, durch die verwegene, weit vorausgreifende Wahl seiner Mittel einem neuen, dem hellenistischen Baustil den Weg bereitete. So mußte das korinthische Kapitell in einen dekorativen Naturalismus einmünden; die in die Wand einbindende Säulenordnung führte endlich zur Fassadenarchitektur, und das Gewicht, das hier der Gestaltung des Raumes verliehen wurde, mußte die feste Körperlichkeit des Baus allmählich von innen her auszehren. Dieses Vorausweisen, wie den großen, kühnen Wurf seiner Schöpfungen, ... hat Iktinos mit dem Baumeister Michelangelo gemein.«

Schon Pausanias hat die Schönheit der Arbeit in Bassai

bewundert; sie ist der Ruine noch heute, nach fast zweieinhalbtausend Jahren, anzusehen; an Schnitt und Schliff und Bug, als wäre der ganze Bau ein einziges Götterhaupt. »Und Gottes Finger bildete den Bug / vom Ebenbilde ...« – Still ist es dort droben, wo niemand siedelt, keine Herden weiden, und nur wenige windgedrückte Bäume stehen. Der Sperling allein durchtönt die hohe Luft mit dem Schwirren seiner kleinen Flügel, sein Schnabel tschilpt und zirpt im Felsgestein. Die Straße, welche hinaufführt, läßt uns erst ganz zuletzt entdecken, wo der Tempel steht; dann braucht es nur mehr wenige Schritte, und er steht in seiner ganzen Größe vor uns.

Als Kazantzakis – das war noch in der alten, autolosen Zeit – nach Bassai kam, trat ihm dort eine alte Frau als Tempelwächterin entgegen. Er fragte sie, wie sie heiße. »Maria.« Er wollte den Namen in sein Notizbuch schreiben, da hinderte sie ihn daran und sagte: » ›Marijitsa‹, es war, als wollte sie, da er nun durch die Schrift verewigt werden sollte, ihren andern, ihren früheren, ihren Kosenamen festhalten lassen ... ›Marijitsa‹, wiederholte sie, als fürchtete sie, ich hätte es nicht gehört. Ich freute mich, diese lebendige weibliche Eitelkeit in der alten, faltigen Haut zu entdecken. – Und was ist das hier? fragte ich sie. ›Steine‹, sagte sie; ›siehst du es nicht?‹ Darauf ich: Und warum kommt man aus aller Welt her, sie zu sehen? Sie zögerte, dann flüsterte sie mir zu: ›Bist du fremd?‹ Ich: Nein, Grieche. Darauf hob sie die Schultern und sagte: ›Diese dummen Franken!‹ Dann brach sie in Lachen aus.«

Im weitern Verlauf der Unterhaltung fragte Kazantzakis sie: » ›Und was hältst du von der Politik?‹ Sie antwortete mit betonter Herablassung: ›Nun, mein Kind – weißt du, hier heroben sind wir sehr fern von der Welt – ihr Lärm erreicht uns nicht.‹ ›Wir‹, das hieß: der Tempel und ich!« – »Mehr noch als der Tempel«, schreibt Kazantzakis, »sättigte mein Herz die Sprache dieser alten Frau.« Er führt uns dann, als er die Tempelstätte verläßt und ins Tal hinuntersteigt, noch ein anderes Bild zu Gemüte, das nicht weniger großartig ist. Er sah einen alten Mann kniend und mit verzücktem Gesicht sich über ein Quellwasser beugen, das den Berg hinunterfloß. Der Alte war ganz Auge und ganz darein versunken. »›Was siehst du dort, Alter?‹, fragte ich ihn. Und er, ohne den Kopf zu heben, ohne den Blick vom Wasser abzuwenden, sagte: ›Mein Leben, mein Sohn, mein dahinfließendes Leben ...‹«

Das sind wunderbare Zeugnisse einer Menschenart, der noch der Kuß des Schöpfers aufgedrückt ist; und es sei dem heute Reisenden ganz leise ins Ohr gesagt: Solche Exemplare findest du noch heute in Griechenland – du mußt nur aussteigen – und herumgehen – wie alltäglich – und ganz unauffällig sein – und Griechisch verstehen.

Auf dem Weg zum Tempel von Bassai, den nun so viele fahren, liegt, steil in den Bergen aufgerichtet, Andritsena – ein typisches arkadisches Gebirgsdorf; und wem dort, in jener Gegend, der Abend naht, der kehrt ein und bleibt auch über Nacht; kann dann den Tempel bei Sonnenaufgang sehen. Den kleinen, hochumbauten, häuslichen Hauptplatz von Andritsena deckt eine riesige Platane mit den hohen und weiten Dächern ihres Laubes; aber aus dem Fuß ihres mächtigen Stammes fließt aus einer Eisenröhre ein Brunnen. Die Zuleitung

ist nirgends zu sehen: der Baum, das ist der Brunnen. Es folgt jetzt eine typisch griechische Geschichte, die wie eine Sage, wie ein Märchen klingt:
Droben auf dem Berg, unter freiem Himmel, der berühmte Tempel, den alle Welt kennt und besucht, und drunten, am tiefen Abhang des Berges, in einem verschlossenen Winkel des engen Dorfes versteckt, der unbekannte Bücherschatz, die Bibliothek, die der Arkadier Konstantinos Nikolopoulos in langen Jahren seines Lebens in Paris zusammengetragen und der niegesehenen Heimat seines Vaters, die er auch als die seine bezeichnete, Andritsena, geschenkt hat. Das verborgene Leben dieses Mannes und seine unsichtbare Tat gleichen auf ein Haar der klassischen Heldensage. Sie sagt uns, daß der Mensch kein verstandbegabter Wurm, sondern ein Mysterium ist. Denn der Vater des Stifters war lange vor der Geburt seines Sohnes nach Smyrna ausgewandert, und dieser hatte – wie schon gesagt – Arkadien nie gesehen. Dennoch nannte er sich selbst den »Arkadier«, schenkte er die Frucht all seiner Mühen Andritsena. Dieser merkwürdige Mann, der sich, lieber als Konstantinos, »Agathophron« Nikolopoulos nannte, wurde 1786 in Smyrna geboren, er hat in Bukarest studiert, ging dann nach Paris und verbrachte sein Leben dort bis zu seinem Tode; er war Bibliothekar »am Institut«. Ein Jahr vor seinem Tod sind die in unverbrüchlichem patriotischem Eifer gesammelten Bücher nach Andritsena abgegangen; er wollte seinem Geschenk übers Jahr selbst nachfolgen, um, wie er schrieb, »brüderlich mit seinen Landsleuten zusammenzuleben und gemeinsam mit ihnen für eine glückliche Zukunft des ganzen Peloponnes und Grie-

chenlands zu arbeiten.« Da starb er an einer Blutvergiftung, die er sich beim Vernageln einer der letzten Bücherkisten zugezogen hatte. Der reiche Stifter Nikolopoulos war tatsächlich ein armer Mann, d. h. er verfügte nur über sehr geringe Einkünfte und besaß kein Vermögen (Evi Melas irrt, da sie ihn den generösen Millionären zuzählt), er konnte nicht viel Geld an seine Sammlung wenden; das meiste dafür taten Wissen und Zeit und die große Fundgrube Paris. Sein Schenkungsbrief an die Männer von Andritsena lautet in der Übersetzung des Archäologen Josef Fink so:

»Sehr geschätzter Bürgermeister von Andritsena!
Ehrenwerte Ratsherren
und das übrige Volk von Andritsena!
Brüder und Freunde!
Grenzenlos ersehnte Landsleute!
Vor dreißig Jahren, seitdem ich als Freund der Musen in Paris lebe, begann ich damit, zum gemeinsamen Nutzen für Griechenland und besonders für Andritsena, wo mein Vater seligen Andenkens geboren war, der tüchtige Hadji-Georgakis Nikolopoulos Misirtjis, Verwalter des Heiligen Grabes, der vor langer Zeit in hohem Alter zu Smyrna gestorben ist, eine große, in jeder Beziehung höchst bedeutsame Bibliothek aufzubauen. Es gehörte viel Mühe, Angst und Schweiß dazu. Mich beseelte der Vorsatz, nach Andritsena zu kommen, um das wenige von den Lichtern, das ich im hellen Frankreich empfangen habe, auszubreiten und in Ruhe und Glück den Rest meines Lebens bei Euch zu beschließen, die Ihr gute Arkadier und Freunde der Bildung seid. Ich habe davon reden hören, daß Ihr den Wunsch habt,

eine große und gut eingerichtete Schule zu errichten zur aufklärenden Belehrung Eurer Kinder, zur Entwicklung und Verbesserung Eures Handels, zur Vervollkommnung der segensreichen Kunst des Ackerbaus, mit einem Wort, zum Heil für alle Bewohner von Andritsena und der übrigen Peloponnes. Deshalb ist es mir eine Freude, meine Freunde und Brüder, Euch als Geschenk den Reichtum anzubieten, den mir geschenkt hat in seiner Menschenfreundlichkeit der allmächtige Gott. Das heißt: ich vermache Euch meine ganze Bibliothek und sage dabei den Apostelvers: Argentum et aurum non est mihi; quod autem habeo, hoc vobis do.
So schickt mir also unverzüglich zwei Männer aus Andritsena, sehr zuverlässige und angesehene, ihnen werde ich ohne Zögern sogleich den angebotenen Besitz anvertrauen. Anders ist die Übergabe nicht möglich. Unterdessen tragt wenigstens dafür Sorge, fürs erste schnell eine ansehnliche griechische Schule zu schaffen. Wenn ich, so Gott will, nach Andritsena heimkehre, wonach mein großes Verlangen geht, so soll diese Anstalt eine gemeinsame Akademie für die ganze Peloponnes werden. Dies ist meine Hoffnung.
Lebt wohl, seid stets vom Glück begünstigt, Ihr Freunde des Schönen, die Ihr Bildung und Vaterland liebt. Euer Landsmann Agathophron Nikolopoulos bei der Bibliothek des Instituts, zu Paris.
Paris, den 1. Juni 1838.«

Olympia

Unter den vielen Festen und Spielen, welche die Griechen zu Ehren der Götter und ihrer Polis veranstalteten, waren vier von überregionaler Bedeutung: das Zeusfest in Nemea; das »Fest der Wagen und Gesänge / das auf Korinthus' Landesenge / der Griechen Stämme froh vereint«; das Fest der Pythien in Delphi und das, das am weitesten über alle Grenzen und allen Partikularismus hinausgriff und noch das Entfernteste zur größten Einheit an sich zog: das Zeusfest in Olympia. Pindaros hat es oft besungen. Wie das frische Quellwasser unter den Geschenken der Erde das erste sei und das Gold allen metallenen Schatz überglänzt, so überflammten die Olympischen Spiele mit ihrer Leuchtkraft alle andern als die schönsten, wie die Sonne die Sterne des Himmels.

Olympia liegt im Lande Elis, am unteren Alpheios, bei der Einmündung des Kladeos; dort, wo die Berge zurückgetreten sind und das weite, geraume, vielarmige Schlendern des Alpheios dem Meere zu beginnt. Unterhalb des Olympischen Gebirges zieht eine Reihe schöngewellter Hügel das Tal entlang; der letzte zum Kladeos hin tritt weiter vor und steht, mit Wald verhüllt, dem Kronos geweiht, über der im rechten Winkel zu ihm hin angelegten Feierstätte. Wie jede uralte Kultstätte hat auch Olympia eine Tradition, die über das Sagenhafte hinausreicht und die ältesten Zeugnisse in den Schatten unvordenklichen Alters stellt. Wir nehmen sie bei Pelops auf, der dort die Hippodameia freite und dadurch die Landesherrschaft bekam. Er gilt als der Stifter der Spiele am Ort oder vielmehr als einer von ihnen, zwischen denen die verschiedenen Gründungssagen schwanken. Auf dem Hügel standen ehemals, als Pythagoras wanderte, Fichten, jetzt sind es Eichen. In der Altis, dem eigentlichen Tempelbezirk, stand der von Herakles gepflanzte Ölbaum, von welchem ein Knabe mit goldnem Messer die Siegeskränze schnitt. Herakles soll auch andere Bestimmungen über die verschiedenen Anlagen getroffen haben; er hat das Stadion abgemessen und den ersten Wettlauf gemacht. Die geschichtliche Überlieferung ist zeitlich nahe mit der Dorischen Wanderung, später mit Lykurg und Sparta verknüpft.

Das Delphische Orakel hatte, zur Abwendung großer Übel von dem Peloponnes, zur Wiederherstellung alter verfallener Spiele in Olympia geraten. Um 200 nach Christus wurde noch der Diskus gezeigt, in welchen die Gründer unter König Iphitos von Elis die Statuten der Spiele eingeschrieben hatten; den Landfrieden, die Unverletzlichkeit des Orts und aller Beteiligten, die Unterwerfung unter das Gesetz des Festes und den Richterspruch. Zur Zeit der 20. Olympiade, das ist nach hundert Jahren, um 700 vor Christus, umfaßte die Olympische Festgemeinschaft bereits ganz Griechenland, seit der 30. auch Großgriechenland.

Die Spiele begannen sehr einfach; mit der Zeit vervielfältigt sich ihre Einrichtung, und neue Disziplinen werden aufgenommen. Schließlich nimmt das Ganze ein ausgedehntes, üppig verschlungenes Wesen an: immer mehr Sportarten, Gesandte, Zeremonien und Nebenzwecke. Nach Pausanias und Xenophon sah die Ordnung so aus: 1. Tag: Agon der Trompeter und Herolde und Schwur der Athleten; 2. Tag: Wettkampf der Knaben; 3. Tag: Pferderennen, Fünfkampf, Totenopfer für Achilleus und Pelops; 4. Tag (Vollmond): Opfer der Hekatombe durch die Männer von Elis und Festmahl im Prytaneion; 5. Tag: Wettlauf, Ringkampf, Faustkampf, Pankration (eine Art »Freistilringen«, der schwerste, wildeste Ringkampf, bei dem alles erlaubt war und den nur die Spartaner nicht übten); 6. Tag: Bekränzung der erklärten Sieger.

Die erste Olympiade, von der wir Sicheres wissen, es ist die vierzehnte von 724, kannte nur einen Wettlauf; von der fünfzehnten an ist ein Langlauf verzeichnet; von der achtzehnten, 708, der Fünfkampf, und von der fünfundzwanzigsten, um 680, das Rennen mit dem Viergespann. Die Gesamtdauer der Olympischen Spiele wird mit 1168 Jahren angegeben; mit ihrer 293. Wiederkehr, 393 nach Christus, erlischt das ewige Feuer auf dem Olympischen Herde. Theodosius hat es ausgeblasen, der im ganzen Reich das Heidentum bekämpfte. Das Zeusbild des Phidias hat er nach Konstantinopel verfrachten lassen.

Wer auf dem Ruinenfeld herumspaziert, vergegenwärtige sich die Fülle von Griechenlands verschwundenen Herrlichkeiten, vor allem aber den Zeustempel, darin der Vater der Götter und Menschen sitzend abgebildet war, und zwar so groß, daß er mit den Füßen den Boden, mit den Armen die Seiten des Tempels und mit dem bekränzten Scheitel die Deckenbalken berührte. Man stelle sich die immer schimmernden, nie geschwärzten Säulen und Giebel zahlreicher Gebäude vor, und dazwischen die Vielzahl einzelner Bildsäulen und Denksteine. Es war ein blühender Garten, den der Meißel geschaffen hatte. In seiner Mitte der große Altar, von dem der Rauch hoch über alles hinaus zum Himmel stieg, und der mit dem Aschenhaufen, der sich unter ihm häufte, selbst mitwuchs; das Feuer wurde mit dem Holz der acherontischen Weißpappel genährt, denn diesen Baum hatte Herakles eigens zu diesem Zwecke aus der Unterwelt herauf verpflanzt. Im Dreieck zwischen Altar, Zeustempel und Pelopion stand das Haus des Erzvaters Oinomaos, von dem noch lange Balkenreste konserviert wurden.

Man stelle sich weiter vor, daß vor den Mauern der Altis ein Jahrmarkt abgehalten wurde. Pythagoras verknüpft damit seine Antwort an Leon, den Herrn von Phlius im nördlichen Peloponnes, der ihn gefragt hatte, was das sei, ein »Philosoph« (es war das erste Mal, daß sich einer so nannte). Pythagoras sagte: Wie auf jenen Festen ein Teil der Anwesenden nach der Ehre und dem Ruhm des Siegers im Wettkampf strebe, ein anderer Teil nur dem Erwerb und Gewinn des Jahrmarkts folge, während ein dritter, weder von Ehrgeiz noch Gewinnsucht getrieben, bloß überall zuschaue; so kamen die Menschen insgesamt, wie auf das olympische Feld, aus einem andern Leben in dieses irdische Treiben der Arena und der Agora und jagten den Preisen nach; einige wenige unter ihnen aber achteten das alles für nichts, sondern forschten nur wißbegierig der wahren Natur der Dinge nach, und das seien, was er Philosophen nenne.

Voraussetzung zur Beteiligung am Wettkampf war das Prüfungszeugnis in der betreffenden Disziplin sowie die Berechtigung zur politischen Repräsentanz; ferner persönliche Unbescholtenheit und bürgerliche Ehre. In allen diesen Dingen hatten die Kampfrichter und Sittenwächter, die »Hellanodiken«, die Entscheidung. Sie selbst waren durch heilige Schwüre ans Gesetz gebunden.

Gekämpft wurde in Vierergruppen. Ihre Zusammensetzung entschied das Los, das mit den Zeichen Alpha, Beta, Gamma, Delta aus einer Urne gezogen wurde. Dem Gerichtspräsidenten standen Stabträger zur Seite, die dem, der das Los zog, die Hand festhielten, so daß er nicht ablesen konnte, zu welcher Kampfgruppe er beschieden war. War alles Vorausgehende nach dem heiligen, von der Gottheit eingesetzten Ritual vollzogen, riefen die Herolde mit lauter Stimme: »Der Kampf beginnt! – Stellt euch zur entgegenringenden Entscheidung! – Über den Ausgang entscheidet Zeus!« Darauf stürmten sie mit Schreien und begleitet und angefeuert von den Stimmen der Landsleute und vieler anderer los; die Zuschauermenge rauschte den Agonen zu wie ein Wald, in den der Sturm fährt, und so erging der Kampf. Wer dabei einen Fehler machte – hört es, ihr Brüder! –, wer gegen das Gesetz verstieß, gegen die Form und gute Sitte des Kampfes, oder sich durch unlautere Mittel Vorteile zu verschaffen suchte, der wurde auf einen Wink der Kampfrichter von den einschreitenden Stabträgern kassiert und mit Ruten bestraft.

Das Pferderennen und der Fünfkampf hatten öfter schwere Verletzungen oder den Tod zur Folge. Mancher soeben erst bekränzte Sieger starb gleich darauf; andere wurden auf der Tragbahre in ihre Heimat davongetragen, und Besiegte, die noch kriechen konnten, schlichen wie geprügelte Hunde, mehr krumm als grad, aus Olympia hinaus, um sich, wie, wußten sie selbst nicht, in ihre Heimat einzuschleichen; oder sie mußten auf der Stelle als Rasende gebändigt werden.

Burckhardt sagt, das Ziel jedes Griechen der agonalen Zeit sei gewesen, daß er tot oder lebendig angestaunt und gepriesen werde.

Fallmerayer summa summarum: »Was im christlichen Mittelalter allgemeines Consilium, was in unseren Tagen europäischer Kongreß, Nationalversammlung und Reichsparlament, Hoch- und Kunstschule und Presse ist, das alles war in der hellenischen Welt das Fest in Olympia. Nicht die Kampfspiele allein und der grüne Olivenzweig waren ausschließliches Ziel. Das ganze Wissen, Können, Sein und Leben des griechischen Volkes ward hier zur Schau gestellt – Talisman der öffentlichen Glückseligkeit und zugleich Wandelskala für Steigen und Sinken des großen Volkes. Was in späteren Zeiten Mazedonien und Rom dem Panhellenium zu gebieten hatte, ward durch Herolde in Olympia ausgerufen.«

»Im Innern des heiligen Waldes (der Altis) selbst, mitten unter Tempeln und Denkmälern, durften für Wahrnehmung der unausgesetzten Gottesdienste und für Unterhaltung der Flamme des Herdfeuers und für Deutung der Orakel nur die Priester mit ihrem zahlreichen, genau geordneten Personal geistlicher Beamter, Opferschlächter, Flötenbläser, Brandopfer-Holzverwalter, freier und unfreier Diener walten. Das war die Einwohnerschaft Olympias, die immer an Ort und Stelle blieb, jedoch sich nicht ... zu einer städtischen Gemeinde erweitern durfte. Olympia blieb ein ländlich stiller Ort, und die Waldeinsamkeit des Alpheiostales wurde nur durch die Schritte der Wanderer unterbrochen, die des Weges zogen und am Zeusaltar ihre Gebete sprachen.«

Heiligenverehrung

Auf den Ionischen Inseln, wie auch auf den Kykladen, kann der Reisende griechische Heiligenverehrung erleben, die auf Heil- und Wunderglauben gründet. Er kann an den Namenstagen der Heiligen an den Altären, die über ihrer Leiche errichtet sind, im Spalier zusammen mit andern zusehen, wie alte Knochen und allerlei dem Rost- und Mottenfraß geweihter Plunder förmlich elektrisch werden und sich den abergläubischen Seelen als ein mächtiges Fluidum mitteilen und Verzückung, manchmal aber auch Hilfe, Rettung und Heilung bewirken. Typisch sind die Formen, unter denen das Wunderbare gesucht, geglaubt und gefunden wird, desgleichen die Danksagungen, wie wir sie bei uns auch kennen, in Altötting, in Maria Einsiedeln, in Mariazell, in Maria Saal.

Auf Zakynthos, Kephallonia und Korfu werden die mumifizierten Leichname berühmter Heiliger verehrt und auf fromme Weise ausgebeutet. Auf Zakynthos sind es die Kräfte des heiligen Dionysios Melita; das Fest beginnt am 24. August und dauert drei Tage. Beim Zustrom der Wallfahrer wird der Sarg geöffnet. An andern Tagen, wo das nicht der Fall ist, sieht man die Pilger am Schlüsselloch des versperrten Sarkophags das dort herausströmende Pneuma einatmen. In einer Kassette verwahren die Mönche der Wallfahrtskirche eine abgetrennte Hand des Heiligen, vermittelst welcher, da man sie leicht herumträgt, gar bald einmal vielfacher Segen ausgeteilt wird. Folgende Zauber- und Schutzmittel, sogenannte »Phylachta«, können auf Verlangen für ein kleines Almosen erworben und mit

nach Hause genommen werden: 1. ein Wollfaden, der in der Länge des heiligen Sarges abgemessen ist; 2. Öl, das in der heiligen Lampe am Grabe des Heiligen gebrannt hat; 3. eine billige Nachbildung des Schlüssels zum Sarge des Heiligen; 4. ein Stück vom zerschnittenen Schuh oder Pantoffel des heiligen Toten und Wundertäters. Dieser bekommt jedes Jahr ein neues Paar, da er sich alljährlich im Dienste derer, die zu ihm bitten, eines abläuft; das alte wird folgerichtig zur Verteilung in kleine Stücke geschnitten. Das ist logisch. Am Grabe des heiligen Dionysios sind viele Dankeszeichen, die wir unter der Bezeichnung »Ex voto« kennen, aufgehängt; die Griechen nennen sie »Tamata«. Sie sind oft aus Wachs geformt, wie bei uns auch.
Auf Kephallonia wirkt der heilige Gerassimo. Sein Fest ist am 16. August und am 20. Oktober. Die Pilger kommen von weit her, und manche machen die Wallfahrt auch heute noch zu Fuß. Der Geist des Heiligen sieht auf die Füße seiner Klienten und bevorzugt die Unbeschuhten. Eine Spezialität des Vaters Gerassimo sind die Wahnsinnigen, präzise: die vom Teufel oder einem andern Dämon Besessenen. Seine Heilkraft wird vor allem durch den Kuß auf die Totenhand übertragen sowie durch das Darübertragen des heiligen Sarges über die Reihe der auf der Straße liegenden Armen: Pilger, die eine Art von Teppich bilden. Andere Formen der Heilsgewinnung bestehen im Untertauchen in einem Brunnen, aus dem der Heilige einmal als Erscheinung getrunken hat; im Abreißen von Blättern von einer Platane, solange der Leichnam des Heiligen darunter abgestellt ist. Es gibt die verschiedenen Stationen eines Umgangs in Form einer Prozession. Wie beim

heiligen Dionysios werden auch in Kephallonia die Schuhe des Heiligen jedes Jahr erneuert, die alten zerschnitten und die einzelnen Stücke als »Phylachta« verteilt.

Es gibt aber hier noch mehr dergleichen: Erde aus einer unterirdischen Höhle, die der heilige Büßer einst bewohnte; sie wird zu allerlei zauberischem Gebrauch von den Pilgern heimgetragen. Vom Mehl der Getreidefelder des Heiligen, die beim Kloster liegen, backen die Nonnen Gerstenbrote; gleichfalls kostbare Gaben.

Was die Wahnsinnigen betrifft, ist zu sagen, daß sie in Griechenland noch heute für Besessene gelten und nicht zu einem Psychiater, sondern zu einem Heiligen ins Kloster gebracht werden. An ihnen wird der Exorzismus geübt. Solche Kranke bleiben oft jahrelang an der geweihten Stätte, man zahlt für ihren Unterhalt, oder einer ihrer Angehörigen arbeitet dafür in der Ökonomie des Klosters. Die Kranken gehen gefesselt und oft fluchend oder schreiend umher. Man kann einem von ihnen auch draußen auf den Feldern oder in den Bergen begegnen. Zum heiligen Amt müssen manche von ihnen oft gezwungen werden. Man schleppt, zerrt und stößt sie in die Kirche hinein und zwingt sie, sich zu fügen, niederzuknien und zu beten. Auch zum Hinlegen unter den in Prozession umhergetragenen heiligen Sarg müssen manche gezwungen werden, auf daß dessen Heilkraft sie streife.

Als beim Erdbeben 1953 fast ganz Kephallonia in Trümmer fiel, blieb der Sarkophag des Gerassimo wie schon öfter inmitten der eingestürzten Kirche unbeschädigt und das Vertrauen des schwergetroffenen

Volkes zu ihm unerschüttert. Der Metropolit ging zu Fuß von Argostoli nach Agios Gerassimos und ließ den unversehrten Schrein aus dem Schutt der Kirche ins Freie hinaustragen. Er wurde in den Schatten einer Platane gestellt. Silberne Kirchenlampen hingen von den grünen Ästen des Baumes nieder, das Volk fiel auf die Knie, der silberne Strick der Liebe zwischen ihm und dem Heiligen war intakt.

Ist der Körper des Heiligen in prächtiger Prozession über die auf dem Boden liegenden Pilger hinweggetragen worden, dann kann es geschehen, und alle, die es sehen, staunen, daß plötzlich einer aufspringt, der leidend war, und sich wie einer gebärdet, dem wunderbare Hilfe zuteil geworden ist. Es ist auch schon geschehen, daß ein Lahmer wieder gegangen und ein Blinder wieder gesehen hat; daß ein Stummer die Sprache wiedergefunden und daß ein Irrer, dessen Leben jahrelang nur mehr ein Angsttraum gewesen, sich von wüstem Zwang befreit fühlte und wieder in menschliche, trauliche Verhältnisse kam.

Der heilige Spiridion ist seit 1489 Schutzpatron von Korfu. Die große Kapazität seiner Reliquie wird viermal jährlich in Anspruch genommen; unter größter Beteiligung am 11. August. Da wird der heilige Tote in silbernem Behälter in der Stadt umhergetragen. Die Kranken liegen nicht wie in Zakynthos und anderswo quer zur Fahrtrichtung des Sarges, sondern sie bilden in gleicher Richtung mit ihm, und immer einer zwischen den gespreizten Beinen des andern liegend, eine Kette.

Der Ölbaum

Der Ölbaum wurde ursprünglich nur wegen seines festen Holzes geschätzt; und als man zuerst das Öl auspreßte, diente es noch nicht zur Nahrung. Sein Holz ist dauerhaft und war zur Erzeugung unzerbrechlicher Stiele und Schäfte von Werkzeugen und Waffen geeignet. Odysseus hat auf dem Stock eines abgesägten tausendjährigen Ölbaums sich und seiner Frau das Bett gebaut und drumherum das Haus.
Bei Homer ist das Öl noch nicht bodenständig und heimisch, sondern Einfuhrware, ein Luxusartikel für die Körperpflege der Vornehmen. Später wird es zum Verbrennen in Lampen gefüllt, und dann, zuletzt erst, wird es gegessen. Auf dem berühmten Schild des Achilleus sind Ackerbau und Viehzucht abgebildet, auch die Winzerei und der Wein, aber nicht die Olive. Einer Überlieferung zufolge kommt der Ölbaum von den Phöniziern, über Kreta und die ägäischen Inseln, nach Kythera und von dort an die Küsten des griechischen Festlandes. Herodot erinnert an eine »noch nicht so lange zurückliegende Zeit«, um 720, das waren zirka dreihundert Jahre vor ihm, da es noch nirgends auf Erden, nur erst in Athen, Ölbäume gab.
Aus dem 6. Jahrhundert stammen die Zuchtbestimmungen Solons. Schritt vor Schritt pflanzt sich der Ölbaum fort, und erst nach und nach nennt man ein Land »elaiophytos«, mit Oliven bepflanzt. Zur Zeit des Peisistratos blühten in der Akademie zu Athen die heiligen, unverletzlichen Oliven, die »Moriai«; sie stammten von der Akropolis, wo Athene selbst den ersten Ölbaum geschaffen hatte.

Heute bedecken Ölbäume weite Strecken Griechenlands. So wie er unseren Blick fast überall durch seine Gegenwart mit poetischem Schimmer und mythischem Hauch erfreut, so ist er durch seine Früchte allgegenwärtig in der Ökonomie. Theophrast zitiert eine Stelle aus den Annalen des Androtion über die Freundschaft zwischen verschiedenen Pflanzen. Dort heißt es, daß einige Pflanzen sich zu lieben scheinen, so der Ölbaum und die Myrte: Sie verflechten ihre Wurzeln, und die Myrte schmiegt ihren Wuchs an den Ölstamm, und das gefalle beiden; andere Gewächse vertrügen sich nicht, und wo das eine aufkomme, schwinde das andere dahin. – Öl, Wein und Honig, diese drei, wurden von den Alten vorzüglich zur gesunden Nahrung und auch zur Arznei gerechnet, zur Erreichung eines hohen, rüstigen Alters. Von der einst täglich geübten Einreibung des ganzen Körpers ist für das Christentum nur die Salbung der Priester und Könige geblieben; die rituelle Salbung; das gesalbte Haupt.

Der Stamm des jungen Ölbaums ist gerade und glatt; später, in den langen Jahren seiner Alterung, gewinnt er durch das Reißen der Rinde und Bersten des Holzes die bekannte groteske, monströse Form. Da sind Stämme wie hängende Felsentrümmer; klippenförmig aufgerichtete; mehrfach geteilte Stämme wie zertrümmerte Pforten, wie klaffende Türen; Stämme wie die Symplegaden; wie gedrehte Schnüre, wie Ziegelstapel; wie in Umschnürung verrottende Packen; wie mehrere Honigwaben, zusammengedrückt; da sind Stämme wie aus Schwalben- und Wespennestern geknetet. Und aus diesen monströsen, zerhauenen und durchlöcherten Klumpen lebendigen Holzes erhebt sich, auf Zweigen von feinster Arbeit, das Immergrün seines einst heiligen Laubes. Und aus ihm war der Siegerkranz geflochten. Das feine schmale Blatt ist auf der Unterseite grau, und das Grün der oberen Seite ist öfters etwas bläulich oder bräunlich, auch rötlich oder gelblich. Und das schimmert im Licht, flirrt und wirbelt im Wind und verschwimmt mit dem Dunst im fahlen farbigen Scheinen; Grün und Grau stöbern durcheinander im Laubgewölk; es brechen hellgrüne Quellen darin aus; es fließt wie rauchende Milch; es färbt sich blau, violett; es wird schwärzlich und sieht dann wie ein Aschenhaufen aus. Steht ein Ölwald neben dem Meere, sind die Tinten des Laubes und des Wassers schwer zu unterscheiden. Der Ölbaum sei unserer Weide zu vergleichen, meint Bachofen, und sei doch »himmelweit von ihm verschieden«. Ja: himmelweit; das ist Ursache und Wirkung zugleich.

Hellenismus

Der Zerfall Persiens und die Siebenmeilenstiefel Alexanders und die Krise der griechischen Stadtstaaten haben dem mazedonischen Militarismus den Weg bereitet. Er steckt einen nach dem andern ein. Längst sind aus dem weiten Umkreis der Kolonien sehr ferne Dinge bekannt geworden, eine abenteuerliche Stimmung verbreitet sich; das Söldnertum steht in Kraft und ist ein immer parates Instrument, ganz im Gegensatz zu einer immer bedingteren Brauchbarkeit der patriotischen Bürgerwehr; Xenophons »Anabasis« (oder »Der Marsch der Zehntausend«) war seit hundert

Jahren ein wegweisendes Buch. Ursprünglichkeit und Naivität waren fern vergangen, die Klassik längst vollendet und Sokrates tot. Da tritt, im vierten Jahrhundert, Alexander von Mazedonien, der größte Feldherr aller Zeiten, in das Erbe seines Vaters, des eisernen Philipp. Blitzartig ergreift er die Macht, nach der schon andre greifen wollten. Er ordnet seine Verhältnisse und das Haus, dann zieht er die Siebenmeilenstiefel an – und fort geht's von Mazedonien und auf vielen Wegen durch Kleinasien an den Nil, und weiter bis zum Indus, der hinter Persien fließt. Alexander streut den griechischen Samen in Vorderasien aus, und der Ertrag wird ein neues Korn und ein ganz anderer Weizen sein.

Von Aristoteles abwärts wird die griechische Universalphilosophie ein interdisziplinäres System. Es sind die ersten Anfänge von Fachwissenschaft. Die Ergebnisse in den einzelnen Wissenschaftszweigen mehren sich schnell. Der Hellenismus ist ein weites Feld; viele Grenzen sind überschritten. Alexander führt, auf unerhörte Weise, über alle Begriffe hinaus. Als er, dreizehn Jahre nach seiner Krönung und dem Beginn seiner alles umschaffenden Arbeit, stirbt, läßt er eine neue Welt zurück.

An die Stelle der tausendjährigen Stadtstaaten sind riesige multinationale Gouvernements getreten; an die Stelle der kleinen, eigensinnig geformten und transparenten Gemeinde tritt die internationale Großstadt. Der Imperialismus marschiert; Rom wird immer ruchbarer. Die alten, konkreten, intimen und körperlichen Götter entfernen sich, verlassen ihre Heimat; auch die angestammten Heroen wechseln die Luft und das Licht. Durch Begriffsspekulation erweiterte und komplizierte

Vorstellungen gibt es da und neue Definitionen; und viel altes Eisen. Unvorstellbar ist das noch tief verhüllte Neue; die Dinge vermehren sich. Der Begriff des Barbarentums erlischt; Exotisches wird heimisch; es kommt in Umlauf, was noch keiner kennt. Es gibt neue soziale Tendenzen und Konflikte. Mit dem Kosmopolitismus erscheint ein unbekannter Seelenkult; Unsterblichkeitsglaube breitet sich aus. Man ist kritizistisch und theologistisch zugleich, in der Tendenz; religiöser Synkretismus ist allgemein. Man wechselt vom Kyniker zum Mystagogen, wie man Kleider- und Haartracht wechselt. Die gesellschaftlichen Grenzen zwischen den Geschlechtern, Rassen und Klassen sind verwischt; das Weib und der Sklave treten freier hervor. – Burckhardt sagt, man müsse den Kausalitäten der Weltgeschichte nachgehen. Unser Gesamturteil werde wesentlich bestimmt durch die enorme Wünschbarkeit derjenigen Kontinuität der Weltkultur, welche ohne Alexander nicht würde gewonnen worden sein. Wäre er nicht aufgetreten, hätten Turanier oder gar Mongolen den Orient und Griechenland aufgefressen und ausgewischt. Die Römer hätten ihm den Weg nie abnehmen können, und so wüßten wir wenig von den Griechen selbst.

Hellenismus in Person und unter anderen, aber ein Prachtexemplar, ist Kaiser Hadrian. Seine Zeit und die seiner Nachfolger ist als die glücklichste gepriesen worden. Seine Zeitgenossen täuschten sich, hinfort in Frieden leben und genießen zu können; sie wähnten, alles noch einmal herstellen zu können, im Leben und in der Kunst, was an den Quellen bereits versiegte. Hadrian war ein Universalgenie und Proteus, der die

feinste künstlerische Bildung mit Staatskunst und Kriegskunst in sich vereinigte. Auch Baukunst und Dichtkunst übte er aus; und dabei fand er noch Zeit, lange, länderdurchquerende Reisen zu machen. Sein Philhellenismus übertraf alles. Seine Aufgabe, nach Gregorovius: Das Römerreich in einer starken Monarchie zusammenzuhalten und mit Wissen, Menschlichkeit und Schönheit zu erfüllen.
Indessen waren die Grundlagen schon ganz andere. Ideengärung griff um sich, das Sektenwesen der Christen laborierte im geheimen und die Judenfrage begann ihre welthistorische Karriere. – Im Zweiten Athener-Dialog von Kanellopoulos sehen wir den Kaiser wegen des dunklen Geheimnisses, das den Tod des Antinous umgibt, beunruhigt, aber nicht geständig, theologisch einen Stern deuten: »Hadrian: Siehe, Flavius; sieh' dir den Himmel an in Richtung des Schützen. Arrian: Ich sehe, Herr. Hadrian: Siehst du den fliegenden Adler? Er ist – wie du weißt – Zeus' Adler. Man sagt, daß jener Stern, der an seiner Seite steht, vor langer Zeit erschienen ist und daß es der Ganymedes sei, den der Adler in seinen Fängen hält und zum Zeus bringt. Arrian: Man sagt es, Herr, aber es ist nicht wahr. Hadrian: Es ist nicht wahr, mein guter Freund. Der Stern ist nicht vor langer Zeit erschienen und ist nicht Ganymedes. Er erschien zum erstenmal vor den Augen der Menschen, als ich in Ägypten die Erklärung für das Schreckliche, das damals geschah, am Himmel zu finden suchte, und er sich meinen Augen offenbarte. Arrian: Ich bin sicher, Herr, daß die Dinge so sind. Du kannst dich nicht irren. Hadrian: Dieser Stern ist Antinous. Arrian: Er ist es, Herr. Hadrian: Ich habe

nicht das Recht, und es hätte mir nie in den Sinn kommen können, mich mit Zeus zu messen. Wie hätte ich mich an Zeus' Stelle und Antinous an die Stelle des Ganymedes setzen können? Das wäre Frevel. Arrian: Niemand hat je daran gedacht, göttlicher Augustus, daß Frevel sich deiner Seele verbinden könnte. Hadrian: Ganymedes kann nicht diesen Platz am Himmel innehaben. Er befindet sich im Tierkreis. Er ist der Wassermann. Arrian: So ist es, Herr. Hadrian: Und der Stern dort, der, bevor er allen Menschen sichtbar wurde, zuerst mir erschien, ist Antinous.«

Pausanias berichtet

Pausanias berichtet von Menschenopfern, die der Artemis dargebracht wurden, weil ein Orakel befohlen hatte, den Altar mit Menschenblut zu tränken. Lykurgos setzte statt dessen eine blutige Auspeitschung der Jünglinge. Die Priesterin stand dabei, mit einem kleinen Bild der Göttin im Arm. Schienen ihr die Schläge zu leicht, ließ sie das Bild sinken, als ob es ihr plötzlich zu schwer wäre. Pausanias sagt: So hat das Bild von den Opfern im Taurischen her die Lust am Menschenblut behalten. Wir wollen im Anblick der taurischen Gestade der herrlichen Iphigenie gedenken und ihrer Bemühungen, die blutigen Riten abzuschaffen, und nicht unerwähnt bleibe ein anderer griechischer Bericht von einer weiteren Humanisierung der Religion. Vernehmt von einer der sonderbarsten rituellen Handlungen der Religionsgeschichte, die doch wahrlich reich an Gewächsen ist, von denen man meinen möchte, sie

könnten nur an den Ufern des Wahnsinns gedeihen: Die Priesterin wählte den schönsten unter den Jünglingen, und ließ ihn, nackt wie er war, gefesselt in den Tempel führen. Dort wurden ihm seine Lenden verhüllt. Dann löste die Priesterin ihm seine Fesseln, und sie befahl ihm, sich auf ein Ruhebett zu legen. Er tat es zitternd, sei es aus Todesfurcht oder weil die Gestalt der Priesterin, die in wallenden Gewändern vor ihm stand, ihm das übermenschlich Schöne verkörperte.
Die Priesterin hat sich vor dem Liegenden niedergesetzt. Und nun greift sie mit ihrer Hand, die mit erotischen Zaubern und hieratischer Gewalt erfüllt ist, unter die Leinwand, die seine Lenden verhüllt. Sie holt das jäh Anwachsende heraus und salbt nun, in liturgisch-rhythmischen Bewegungen, den Phallus mit heiligem Öl. Undurchdringlich in seiner strengen Feierlichkeit ist das schöne Antlitz der Priesterin. Dagegen wird das Gesicht des Jünglings, der selbst in der Todesfurcht noch schön war, von den Schauern einer grausigen Wonne entstellt. Sein Leib zuckt und wogt, bis ein gewaltiger Samenstrahl, gleich einer Fontäne, aus ihm hervorbricht. Er wird von Dienerinnen des Altares, die mit Blumen bekränzt sind, in einer Opferschale aufgefangen. Vieles tropft daneben, und wo es hinfällt, wachsen später seltsame Gesträuche hervor, zum Aufenthalt für heilige Vögel.

Antike Skulpturen

Zwei antike Skulpturen gleicher Arbeit. Beide stellen denselben schönen Jüngling und denselben häßlichen Alten dar. Die erste zeigt diesen, die hohle Brust leicht vorgeneigt, auf einem hohen Stuhl; der Jüngling steht aufrecht und blühend vor ihm und schaut zu ihm auf. Die Linke des Alten liegt auf dem spitzen Knie, die gegriffelte Hand umschließt einen Knollen. Seine erhobene Rechte weist mit leicht vorgebogenem Zeigefinger auf den Jüngling. – Die zweite stellt den Jüngling in derselben Haltung dar wie die erste. Er steht aufrecht und blickt auf den kahlen Scheitel des Alten nieder. Dieser kniet vor ihm, und mit seinen dürren Händen umklammert er die blühenden Lenden. Er trinkt aus der Quelle. Es ist wie das Saugen an der Mutterbrust; wie das Umfangen und Drücken eines hohen Kelches.

Die byzantinische Kirche

Die Stadt Konstantins ist das Siegel, welches die Geschichte auf die Transformation Griechenlands und des hellenischen Orients gedrückt hat.« (Gregorovius) – Bleiben wir bei diesem Bild, es ist groß und eindrucksvoll; und wir finden dieses »Siegel« überall in der Wirklichkeit als Bauwerk wieder, das aus Stein und Ziegel zum Zwecke der Heiligen Eucharistie errichtet ist. Wie verkleinerte Spiegelbilder und Abbilder der Stadt Konstantins und ihres Geistes sind byzantinische Kirchen über ganz Griechenland verstreut; sie leben weiter, wie die Kinder und Kindeskinder einer längst verstorbenen Mutter. Sie sind wie Siegel überall dem Lande aufgedrückt. Wohin immer wir kommen: in jeder Stadt, in jedem Dorf, tritt uns ihr immer gleiches, familienähnliches, in jedem Grade der Variation identisches Bild entgegen. Keine noch so einsame Wegstrecke und öde Landregion, kaum ein kahler Berg oder Meeresstrand ohne dieses »Siegel«.

Dichterisch gesehen, von Virginia Neris, wobei das innere durch das äußere Auge blickt, gleicht die byzantinische Kirche einer »weißen Rose, die am Fuß eines Felsens blüht«. Wie gemauerte Blumenstöcke, die in weißen, blauen, braunen, goldenen und grauen Farben punktiert und gestrichelt sind, stehen sie da, auf einen viereckigen, vieleckigen oder kreuzförmigen Grundriß aufgebaut; auf allen Seiten dasselbe einheitliche Spiel von Tür- und Fensterbögen; ein einziges Ornament, mit der gleichsinnigen, aus Kuppeln, Giebeln und Halbtonnen geformten Dachskulptur; mit rötlichen Ziegeln wie mit funkelnden Schuppen gedeckt. Unter dem schirmförmigen, ausgekrempten und befransten Gezelt ihrer Dächer gleichen sie mehrarmigen Leuchtern, Girandolen, die durch die Nacht des Mittelalters den gedämpften Blütenschimmer ihrer dichtumschirmten Kerzen getragen haben; da Griechenland durch die Geschichte ein finsteres Labyrinth geworden war.

Der gewöhnliche Grundriß der byzantinischen Kirche ist ein längliches Viereck, das im Osten mit der einmal oder dreimal gebogenen Linie der Apsiden (Konchen) abschließt. Wir kommen zuerst in die Vorhalle. Das war einmal der Aufenthaltsraum für die »Weinenden« und Büßenden, die sich durch Traurigkeit selbst von der Eucharistie distanzierten oder durch Disziplinarstrafe dazu verhalten waren; jetzt werden dort allerlei Geräte des kirchlichen Brauchtums aufbewahrt, auch Tragbahre und Grabschaufel.

Der zweite, größere Raum heißt Narthex; in den alten Zeiten Ort der Katechumenen, der noch nicht Getauften oder aus irgendwelchen Gründen Nichtkommunizierenden; jetzt werden dort die Toten aufgebahrt und die Tagzeiten gebetet. Durch die sogenannte »Schöne Türe« geht es ins eigentliche Kirchenschiff; es ist der Hauptraum, der auch die Kuppel trägt. Im vorderen Teil ist der Platz für die Gemeinde; auf beiden Seiten, im Süden und Norden derselben, ist der Platz der Sänger. Im hinteren Teil, vor der Bilderwand (Ikonostas), welche die Gemeinde vom Altarraum trennt, der feste Platz des Diakons mit dem Lesepult, welcher »Solea« heißt und der Kommunion der Laien geweiht ist.

Drei Türen führen durch die Bilderwand zum Altar (Bema); die mittlere heißt die »Königliche Türe«. Dort gehen nur die Priester und Diakone beim Gottesdienst hindurch. Gitter und Vorhang am Fenster der königlichen Pforte machen das Geschehen am Altar auch äußerlich geheimnisvoll; sie entziehen es den Augen des Volks, die wie durch ein Dickicht spähen, das zeitweilig, wenn der Vorhang gelüftet wird, auch wieder mehr davon sehen läßt, was dahinter geschieht. Es ist die Liturgie. Man stelle sich nur eine nebensächliche Einzelheit im großartigen Ganzen der griechischen Messe vor: Wenn der Diakon das für die Kommunion vorbereitete Brot in einer Schüssel mit beiden Armen über seinen Kopf erhoben hineinträgt.

In der byzantinischen Kirche gibt es nur gemalte Bilder.

Rechts vom Altar auf der Ikonostas das Bild des Erlösers, links das der Gottesmutter. Rechts vom Erlöser der Schutzpatron der Kirche, links von der Gottesmutter das Bild eines in der Gemeinde oder im Distrikt besonders verehrten Heiligen. Darüber, aufgereiht, die Bilder der zwölf Hauptfeste des Kirchenjahres. Darüber die Zwölf Apostel. Darüber, in der Mitte, über dem Bogen der Heiligen Türe (der Königspforte), das heilige Abendmahl – und nicht zu vergessen: über den Aposteln die Propheten! – Neben dem Abendmahl Jesus als Hohepriester und Maria mit dem Jesuskind. Darüber, auf der Spitze der Bilderwand, das heilige Kreuz. – Es hat alles immer und überall dieselbe Ordnung, vom Kuppelscheitel bis zu den Füßen der Pfeiler herrscht das umfassende ikonographische Programm.

Die Baugeschichte geht von der altchristlichen Basilika über die justinianische Kirche zur mittelbyzantinischen Kirche, deren architektonisches Prinzip einem Wurzelstock vergleichbar ist, der eine Anzahl sehr verschiedener Schößlinge treibt. Das mittelbyzantinische Modell hat sich als das fruchtbarste erwiesen; es war fortpflanzungsfähig und wandlungsreich. Allgegenwärtig ist die sog. Kreuzkuppelkirche, deren Grundprinzipien eine Vielfalt von Gestalten durch die Mischung der Einzelformen hervorgebracht haben. Was hier zugrunde liegt, das ist die Zeugungskraft einer Schöpferlust, die in immer anderen Kristallisationen, wie in konzentrischen Akten, erweitert, erhöht, längt und zusammenzieht. Sie schafft symmetrische Konglomerationen, darin die immer gleichen Glieder, in wechselnder Anzahl, in immer andere Maßverhältnisse treten. Da gibt es das einschiffige und dreischiffige, flachgedeckte

Langhaus; die Kuppelbasilika, einfach oder mehrfach, mit gewölbtem oder flach gedecktem Schiff und Kreuzarmen; Kreuzkuppelkonstruktionen mit Viersäulenkomposition, sogenannte halbkomponierte Viersäulenkirchen; einfache Viersäulenkirchen; Zweisäulenkirchen; achteckige Kirchen mit einer großen Kuppel und Ecktrompen (das sind Zwickel- und Trichterformen, welche an der Basis der Kuppel zu den Ecken vermitteln); da gibt es den Trikonchos, mit drei Apsiden und Narthex; Kirchen mit Transeptdach, zwei sich überkreuzenden Satteldächern; es gibt das in zwei Reihen übereinander fußende System des Kuppelraums, den gemischten Typus: dreischiffige Basilika unten, Kreuzkuppelkirche droben, mit vier kleinen Eckkuppeln; Kirchen mit Apsiden an den Langseiten sowie mit diversen andern Beifügungen.

Der Eindruck des »Kosmischen« ist durchgehend. Hier ist der Baukörper in mineralischen, vegetabilischen, zoomorphen, anthropomorphen und astronomischen Formen abstrahiert, stilisiert und komponiert; und mit Formen, die gleichnishaft aus dem Eschatologischen und Pneumatologischen gewonnen sind, so verbunden und verknüpft, daß der, im Extrem mehr hohe als lange und breite, Bau als steinerne Quellsäule oder als ein architektonisches Gleichnis des dreißigstimmigen Chorgesangs erscheint, der, alle Instrumentalmusik weit übertreffend, von den tiefsten Bässen zu den höchsten Sopranhöhen reicht und alles ringsum erzittern läßt.

Das Innere der byzantinischen Kirche ist von einem alten Chinesen, der es in Konstantinopel, in der Hagia Sophia, gesehen hat, der Erscheinung des Goldfasans verglichen worden, der vor unseren Augen zur Sonne auffliegt und dessen schwingende Flügel und ausgebreitetes Gefieder so herrlich leuchten, daß ein erschrekkender Wonneschauer unseren Leib durchfährt. Es ist der Himmel auf Erden. Es ist die Erde, in den Himmel aufgefahren. Es ist das neue Jerusalem der Apokalypse, das nach ihr kommt.

Die Hagia Sophia ist, als Urbild aller griechischen Kirchen, der umbaute Raum für die gemeinsame Präsentation des Kaisers und des Pantokrators, die einer des andern Spiegel sind; im Stufenbau und Stufenbild, umschlossen vom Stufengebet der zahllos abgebildeten und symbolisierten Geister, Wesen und Kräfte; der heiligen Apostel, Märtyrer und Propheten. Dort betet das Erdenvolk zu den himmlischen Mächten, zu den vorgeschaffenen und vorausgehenden, und zu den geweihten und eingeweihten Zeugen derselben, die überall in Stadt und Land den Märtyrertod erlitten haben. Denn siehe: durch die Türe der Sakristei kommt in seiner Herrlichkeit, in Gestalt von Brot und Wein, das fleischgewordene Wort, um unter uns zu wohnen. Beim Lichte zahlloser Sonnen, die, gleich den sechshundert vergoldeten Kandelabern, die Luft zwischen Boden und Decke mit ihren Strahlen zu höchster Leuchtkraft bringen, wird das geheimnisvoll vollendete Opfer feierlich dargebracht und an alle ausgeteilt, die durch die heilige Taufe, durch Sünde und Sühne und durch die Vergebung der Sünden dazu erschaffen sind, es zu empfangen. Der Tisch des Herrn ist über und über vergoldet. Dort essen alle, die durch diese Speise Genossen des Ewigen Lebens werden; die Seite an Seite mit dem Osterlamm auf der Wiese des Himmels weiden. Die byzantinische Kirche ist das Haus, darin man sieht,

was im Alten Testament, in den Evangelien, in den Märtyrerakten geschrieben steht. Dazu kommt noch, in der Einheit mit dem Sakralen, die Geschichte der byzantinischen Kaiser, weil der Imperator der theologische, gottgekrönte Werkmeister des Pantokrators ist.
An den innern Wänden der byzantinischen Kirche rauscht das Echo der Ewigkeit. Die symmetrische Flächengliederung und das über und über polierte, polychrome Meißelwerk der Säulen und Plattenverkleidungen schaffen den mit Farbe und Mosaik übergoldeten, irisierenden Behälter für die rituelle Vision: daß die Zeit vorbei und die Ewigkeit angebrochen ist; daß nur eine Herde und ein Hirt sei, und ein Licht ohne Schatten. »Daß kein Schrei, kein Schmerz mehr sei, und alle Tränen schon von Gott getrocknet.«
In der byzantinischen Kirche verbindet sich der in Bauformen niedergelegte Geist der heidnischen Spätantike mit dem Geist des »Buches«, der Bibel. Die wunderbare Abendstimmung, das sternseherische Hereinbrechen der Nacht in der heidnischen Spätantike, hat Panajotis Kanellopoulos im Zweiten Athener-Dialog ausgedrückt. Eine Sonne ist untergegangen. Der neue Tag, das sind die Lichtverschiebungen zwischen den Wänden und Säulen und unter den Kuppeln, Kappen und Hauben der byzantinischen Kirche. Sie ist der gedachte und geformte Schauplatz der christlichen Tagzeiten. Wie Dionysios Areopagita sagt: Nicht von außen die Sonne erleuchtet; im Innern entsteht der Glanz.

Der Engel im Brunnen

So heißt die Geschichte einer Passion von Prevelakis. Ihr Held ist ein junger Mann, der das gemeine Leben flieht. Die Liebe hat gelogen, und was er im Kriege erfuhr, treibt ihn zu weiterer Flucht. Er will Klosterbruder werden. Wir begleiten den vom Abt geführten Novizen in den »Brunnen« – O Pegadia, an den Ort seiner Prüfung. Das ist eine Einsiedelei in der Felswand einer Bergschlucht. Der alte Klausner ist soeben gestorben. Der junge Gottsucher soll in der Einsamkeit an seine Stelle treten. »Engel« heißt ein Pferdefohlen, das ihm das Schicksal in die Hände gibt. Er hat es einer sterbenden Stute aus dem Leib geschnitten und auf halsbrecherische Weise über eine Strickleiter in den »Brunnen« hinuntergeschleppt. Dort schwelgt er in Liebe und Sorge, wie er ihm das Leben erhalte. Es beginnt der Kampf zwischen Neigung und Pflicht und strikter Observanz. Der Abt ist nicht verständnislos, fordert aber Entscheidung.

Prevelakis formt Symbole der geistigen Natur, die das Schuldbewußtsein hat und auf dem Gebiete des Handelns wie des Erkennens den Kampf um das Gute kämpft, und um das Martyrium. Er läßt uns auf dem pradiesischen Frühlingsboden des »Brunnens« mit dem armen Helden durch die kretische Karwoche gehen. Prevelakis ist ein Schüler der Demeter, welche die Kunst der Arbeit, der Gerechtigkeit und des Friedens lehrt; und daß es wert sei, zu leiden. – Wie Ihr wißt, ist Frommsein heute fast verpönt; und Frechheit siegt, und ist so erbärmlich wie das alte Laster der Frömmelei, die zu ihrer Zeit alles Gute verhinderte und zerstörte. Prevelakis malt die lebensnotwendige Frömmigkeit, die unsere Energie nicht sinken läßt; und er verklärt dieses Ideal mit seiner erdensichern Poesie. – Das Fohlen wird durch Einschreitung von außen aus dem »Brunnen« herausgeholt und kommt dabei um. Das ist Karfreitag. Mitten im Kosmos stehend, und umtönt von den Schritten der heiligen Handlung, der Liturgie, erleidet der Novize sein persönliches blutiges Drama.

Prevelakis hat an dieser Geschichte wie an der Errichtung eines Schafotts und an der Erdichtung einer herrlichen Musik gearbeitet.

IV

ATHEN 1965

Athen steht auf Barrikaden,
gegenüber dem Militär,
stehenden Fußes die Krone,
zwischen Kanonen heraus,
herunter zu holen.

Da weichen die Führer und legen
die Blasbälge nieder.
Die Flamme flunkert, die Glut
kriecht in die Kohlen.

Die Männer von Athen,
zwei Jahre später vom Büttel
aus den Betten geholt,
wohnen jetzt mitten im Wasser.

GRIECHENLANDREISE 1967

Nach vielen Jahren
wollte ich wieder nach Griechenland fahren.
Der Wagen brach, ich gab es auf.
Der Mut war mir genommen.
Dafür ist, in fliehendem Lauf,
Griechenland zu mir gekommen:
mit keuchender Brust, schweißbedeckt,
das Knie, die Hände vorgestreckt.

Das hohe Ziel lief wunderbar
zu mir herunter.
Ich sitze hier,
wo ich lange saß,
und hart vor mir
steht Griechenland,
vom Stiefel gestriegelt
und auf allen Seiten abgeriegelt.

Nach vierzig Jahren

Gezwungen halb und ohne Phantasie
ging er zum dritten Male nach Athen.
Dann nahm er alles, was er dort empfing,
der Freuden Fülle, aus der Hand der Griechen.
Des Lebens Silberstrick war frisch geflochten,
wie Anastasia,
und das Erdbeben schreckte ihn nicht.

Die Grenzen der Berge sind noch die alten.
Das Gebliebene genügt: der Boden unter den Füßen,
der Himmel und das Meer.
Du findest noch die Stelle für den Kuß
und, daß ein Stein noch auf dem andern steht.

Hier, wo es über Griechenleichen ging,
gehst du mit Griechen jetzt zum Wein
und zechst in Turkobunia Hand in Hand,
wo einst der Aberoff aus Haut und Knochen stand,
vollgepfercht bis zum Exzeß.
Und immer wieder wurde frisch geladen.

DER KLEPHTEN-KAPETAN
(von Konstantaras)

Ich bin alt geworden, Kinder,
ein alter Klephten-Kapetan.
Dreißig Jahre war ich Räuber.
Jetzt aber gebe ich das Räubern auf,
ich gehe ins Kloster.

Ich werde jetzt Mönch, ich werde Abt,
eingehüllt in die Kutte.
Zehn Dörfer habe ich niedergebrannt:
jetzt will ich sie wieder aufbauen.
Zwei Klöster habe ich eingeäschert:
jetzt baue ich sie wieder auf.

Meine Waffen, die schenke ich euch,
und ich gebe euch meinen Segen.
Doch noch ins Weihrauchfaß
werde ich Pulver streuen
zum Gedächtnis meiner Taten und meiner Jugend.
Geht nur und bringt die Türken um.
Ich verzeihe euch allen.

EROTOKRITOS

Seht hier den Jüngling Erotokritos.
Er träumt die Fülle seiner Werke,
die er, erwachsen Jahr für Jahr,
hervorgebracht aus Fleisch und Blut.

Sag ihm, Gedicht: Die Menschen wissen,
daß Prevelakis Wort gehalten,
den schönen Schwur: stets treu zu sein.
Die Götter brachen ihre Schwüre; er nicht.

Als die Feuerstirn, Kazantzakis, erloschen war,
sah, wer vom Untergang das Auge hob,
am Himmel aufgestiegen neues Licht.

Auf halber Höhe seiner Bahn
stand über Griechenland der Bruderstern
Pandelis Prevelakis.

Joannis Ritsos

Ich sehe dich zuletzt im Aberoff,
und Anno Schnee das schmutzige Zeug
der deutschen und der italienischen Armee
verlängert um das griechische Leichentuch.

Die Armen suchen unterm Schnee.
Sie gehn, verschönernd das Gefild,
um Gras und Klee,
und schlingen, was sie finden.

Mit dir zusammen an die Wand gestellt,
schloß ich mit dir den Bund.
Und es ist jetzt wie einst,
wenn jäh dein Laut mich trifft.

Dann, übermannt vom Wolkenhaupt
der einst betretnen Ferne,
antworte ich mit Flüsterlaut
griechischem Schlangengang.

Der Kreter

Ich faulte lange Zeit in schwerer Schuld
und war gequält von Göttern und von Menschen,
doch such' ich immer noch Gerechtigkeit
und bin wie der Baum, der halb verdorrt
austreibt und blüht, so daß die droben
ein Schwindel packt und sie Verwesung fühlen.
Nie stirbt das Recht. Das ist wie das Meer.
Dagegen ist der Haß der Welt Geklimper.
Mit keiner Wimper zuckend wacht ein Aug'
in mir, das alles sieht, und ewig ungetrübt.

Panajotis Kanellopoulos

Er lauscht hinauf. Meißel und Kelle
sind verstummt. Die Maurer
haben ihre Arbeit verrichtet.
Jetzt hört er das Schürfen eines Griffels:
Der Ruhm gräbt seinen Namen in den Stein.
Er aber, drunten, sinnt im Tode,
was er nicht mehr sagen kann.

GRIECHISCH

Wo alle ungestopfte Pfeifen rauchen
und jeder seinen Tabak preist,
ist einer Grieche,
der sich nicht selbst zum Narren macht.
Er sagt: Die Nahrung fehlt,
und eine ungestopfte Pfeife
setzt selbst der Heilige Synod
nicht in Brand. *)

Aus nichts wird nichts. Das alte Wort
erschien mir abermals im Leben in Athen.
Ich hörte es und sah,
daß da vor diesem Blick,
der griechisch sieht,
nur Freiheit und Gefängnis ist.

Des Griechen Gang ist aufrecht, frei und schwebend,
so wie sein Herz und seiner Sinne Land,
im Meer wie auf der Erde lebend
spuckt Knoblauch er auf jede Kerkerwand!

---

*) Was ich selbst begriff, begreife,
denn auch dir sagts der Verstand:
Eine ungestopfte Pfeife
kriegt selbst nicht der Papst in Brand.
(J.D. Sauerländer, 1934)

Kristallne Flut

Auf Kieseln wat' ich
in die Flut hinein,
die keine Lauge trübt.

Nichts hat sich noch
dem Salzgeruch vermischt,
dem mächtigen Arom
der Amphitrite.

Kristallne Flut
greift über Knie und Brust
mir auf das Herz,
bis mich die Welle trägt

und ich des Schwimmens
mich erfreue,
mit jedem Atemzuge
ungestüm.

Der verlassene Schwimmer

Allein trat ich ins Haus Poseidons ein.
Je nach des Ufers
wechselnder Gestalt
tönten die Wogen.
Ohne dich schritt ich nicht weit
über die Schwelle.
Auf einer Tiefe, die nicht ohne Boden,
schwamm ich einsam
durch die salzige Flut.

Die Inseln

Die Inseln tauchen auf und tauchen unter,
von Feuerstrahlen umspielt
und von den weißen Fingern der Brandung.

Verschiedne nackte Leiber,
in Ketten und in Scharen abgerundet,
liegt da die Inselschaft;

steinerne Glieder fernhinbewegend
auf der vom Hammer ausgestreckten Flut.

Amorgos
(Andenken an Lorenz Gyömörey)

Weit weit im Süden rauscht das Meer an einen Strand.
Dort steht ein Haus, ein Stall,
aus Marmorbrocken aufgebaut,
Hürden aus Marmor, grau vom Kot der Herden,
und eine salzweiße Kapelle.
Darüber wächst in Sätzen, strauchbedeckt,
die wilde Gegend auf, das Stufenwerk
einst hochgeführten Ackerbaus.
Dort bei Ruinen weidet Schaf und Ziege
und der Hahn kräht seinen Rufgesang.
Die Erde ist ein rötlicher Mörtel.
Einzelne Bäume vom Geschlecht der Pinien
und Eukalyptus stehn
hoch überm Silber von Olivenbäumen.
Bei jedem Tritte klirrt der Schutt,
der Wandrer prüft manch blühendes Marmorscheit.
Hoch droben schlägt der Geier seine Flügel,
der Sperling schwirrt und tschilpt im Felsgeklüft
und brodelnd rollt die Woge auf den Sand.
Dort in der Bucht erscheint auf einmal auch ein Schiff
mit Rauch, es stößt ins Horn
und gleitet flüsternd hin zum Ankerplatz.
Voll stiller Heimlichkeit und reich an Zeichen
ist jener Ort im Meer. Der Asphodelos steht
von unsichtbarer Hand durch Berg und Tal
gleich dünnen Kerzen aufgepflanzt.

Das Fort Palamidis mit einem Teil von Napoli di Romania

V

Der Freiheitskrieg

Mit der Erhebung Ypsilantis, der sich auf den Geheimbund der »Philiki Hetairia« und auf Rußland stützte, begann 1821 der entscheidende Freiheitskampf der Griechen gegen die türkische Despotie. Von da an wurden Kraft und Leidenschaft auf beiden Seiten konzentriert und bis zum Äußersten angespannt und verschwendet. Was lange Zeit hindurch verstreutes Plänkeln, Klephtentat, einsames Handeln Vereinzelter gewesen war, ergriff nun das ganze Volk und alle Parteien. Die Kämpfe flammten jahrelang immer wieder auf und gingen immer weiter, so daß es kein Zurück mehr gab. Ihren Besitz zu verteidigen und den Aufstand zu ersticken, haben die Türken den ganzen zermalmenden Druck ihrer Massenmechanik zur Geltung gebracht sowie ungehemmte militärische Bestialität. Die Griechen dagegen konnten nicht durch Masse wirken und kämpften überdies überall auf griechischer Erde; inmitten ihrer Landsleute; ihre Taktik mußte eine kleinweise, vielfältige, überlegende und durch und durch individuelle sein.

Und das war sie denn auch. Die Griechen waren ein einziger Individualismus, eine patriotische Anarchie; und außerdem noch durch große landschaftliche, regionale, kulturelle und soziale Unterschiede zersplittert; was sich später, nachdem das Gemeinsame verrichtet war, noch stärker kundgeben sollte. Der Gesamtzusammenhang dieses Krieges wie der jeder wahren Geschichte, die von Völkern und Staaten handelt und die Gesamtheit aller einzelnen umfaßt, ist unbeschreiblich und kann hier nur angedeutet werden. Er dauert sieben Jahre und durchrottet mit der endlosen Reihe gegenseitiger Eilmärsche, Attacken, Hinterhalte, Überfälle, erwürgender Belagerungen, Schlachten und Ausrottungen – nicht gezählt alles, was Flucht, Versteck, Wolke und Nacht darin ist – das ganze Land und das ganze Inselmeer – und läßt alles hinter sich zurück: zerschossen, erstochen, erschlagen, zerhauen, zerschmettert, verbrannt, in Stücke gehauen, zu Asche zerfallen, blutbesudelt, mit Leichen verstopft, ausgeplündert, Bäume und Pflanzungen verwüstet, die Frauen geschändet, und wer nicht in seinem Blut und unter Trümmern begraben liegt und nicht geflüchtet ist, schleppt sich im Sklaventroß der Gefangenen, die fortgetrieben werden, hinter dem feindlichen Haufen durch den Staub.

Das geht so fort bis 1827; da führt die unverhoffte Seeschlacht bei Navarino im gegenseitigen Erschöpfungszustand die entscheidende Wende herbei; Rußland erneuert den Krieg im Osten, am Pruth und in der Walahei, und von Westen her betritt die französische Armee den Peloponnes. Der Philhellenismus hatte überall, nur nicht in Österreich, Früchte getragen: Die Weltöffentlichkeit war von den unendlichen Greueln mehr als gesättigt; das Hilfeschreien wurde immer lauter, so daß endlich auch das Weltgewissen nicht länger zusehen konnte. (Weltgewissen nennen wir hier, was die jeweiligen Großmächte, die interventionsfähig sind, auch Weltgendarmen genannt, als Tun und Lassen unter sich verabredet haben.) – Die Londoner Konferenz (1829) erklärt einen Teil Griechenlands für frei, aber in einem gewissen Umfang für tributpflichtig gegenüber der Türkei; gleich darauf zwingt Rußland im Friedensvertrag von Adrianopel der Hohen Pforte diesen Vorbehalt als nichtig ab.

Inzwischen hatte Kapodistrias die immer wieder zerfallenden Häupter, Parteien und Fronden der Griechen auf Ägina miteinander versöhnt, und er wurde von der Nationalversammlung in Argos zum Präsidenten gewählt. (Das war seit dem Anfang des Krieges bereits die fünfte konstituierende Versammlung.) Das einhellige Ziel der Griechen war eine panhellenische Föderativrepublik, deren künftige Metropole Konstantinopel sein sollte.

Kapodistrias suchte das Heil Griechenlands durch eine zentralistische Bürokratie herbeizuführen. Er hatte die Rechnung ohne die politische Natur der Griechen gemacht und ging am inneren Widerspruch zugrunde; er wurde 1831 von einem maniotischen Kapo ermordet. Die Griechen selbst aber, die alle Republikaner und überdies »Byzantiner« waren, hatten die Rechnung ohne die Erbweisheitspächter Europas gemacht, die es für rätlich hielten, dem völlig ausgebluteten Land vermittelst des monarchischen Prinzips wieder aufzuhelfen und es auf diese Weise auch zu gängeln. So erschien nach weiteren Heldentaten und Katastrophen des inneren Zerwürfnisses und vielen Einschreitungen und Winkelzügen der großen und der kleinen Diplomatie »endlich das Königtum inmitten der Hellenen«, und zwar in der Person eines Jünglings, Ottos I., Sohnes des großen Philhellenen König Ludwigs I. von Bayern. Er betrat 1833 in Nauplia griechischen Boden, und wo er sich sehen ließ, jubelten die Griechen ihm zu; aber sie wußten nicht, wie ihnen geschah, was das für ein Wesen war und was daraus werden sollte.

Wir kehren wegen verschiedener Einzelheiten noch einmal zurück in den Krater der Vergangenheit. Betrachten wir zuerst einmal die Fahne, die die Griechen sich selbst im Kampf vorangetragen haben. Sie ist rechteckig, rotgerändert und zeigt in der Mitte ein rotes Kreuz, das auf dem Rücken des Halbmonds aufgepflanzt ist. Links vom Kreuz, in spitzem Winkel abstehend, ein schwarzer Anker, der mit seiner Spitze auf dem Horn des Mondes ruht. Eine grüne Schlange windet sich um ihn empor. Ein goldener Vogel flattert vor ihrem offenen Rachen. Rechts vom Kreuz, im gleichen Winkel abstehend, eine schwarze Kerze mit roter Flamme. Die Aufschrift lautet: »Freiheit oder Tod«. Eine Variante hat im roten Rahmen ein blaues Feld. Kreuz und Halbmond sind weiß. Der Anker ist umgedreht, mit den Armen nach oben gegen die Sonne in der oberen Ecke der Fahne gerichtet. Die Sonne hat ein Auge. Die um den Anker geringelte Schlange strebt mit offenem Rachen der Sonne zu. Auf der andern Seite des Kreuzes statt der Kerze eine rote Fahne.
Als einer der furchtbaren Mordakte dieses an Greueln überreichen Krieges ist das Massaker von Chios, 1822, in die Geschichte eingegangen. Kapudan-Pascha hat die Insel für die Erhebung mit dem Tod von zirka 22.000 Wehrlosen und der Deportation der übrigen bestraft. Der Schall seiner Tat flog in alle Welt hinaus. Ihr weltberühmtes Denkmal hängt im Louvre, gemalt

von Delacroix, 1824. Er hat aber auch den »Einzug der Kreuzfahrer in Konstantinopel« verewigt und »Das sterbende Griechenland auf den Ruinen von Missolunghi« (1826). Die Geschichte der letzten Belagerung und des furchtbaren Ausharrens der Stadt ist bekannt. Sie ist mit dem Namen Byrons verknüpft, der viel für die griechische Sache getan hat und im Gedächtnis der Griechen bis heute fortlebt. Das kleine Haus, darin er gestorben, steht nicht mehr, doch ist sein Platz noch leer. Dort beginnt die öde Heide, vom Stadtrand bis an die unendlich scheinenden Schlamm- und Wasserbreiten des Lymbusthalassa von Missolunghi ausgedehnt, und dort steht das Denkmal des Dichters Palamas (aus Patras, 1859–1943). Auf dem Stadttor von Missolunghi, in der Mauer beim Heroon (Heldendenkmal), steht noch die alte Schrift: »Durch dieses Tor geht nur ein freier Mann«.

Schon im zweiten Jahre der Erhebung, 1823, sind in Epidauros griechische Abgeordnete zusammengetreten, die mitten im Chaos des begonnenen Krieges, selbst kämpfend und von allen Seiten bedroht, nichts Wichtigeres zu beraten hatten als das »organische« Grundgesetz und die Unterrichtsgesetze der künftig als frei gedachten Nation. Das ist ein Grundzug der Griechen, den auch der Klosterbruder Kosmas der Ätolier bewahrt hat, der, wie Dimos und Nikos, die Dioskuren von Missolunghi, uns in ihren Chroniken berichten, kein frömmeres Werk kannte, als für die Volksbildung durch Errichtung von Schulen zu predigen. Er stammte aus Megalodendro in Epirus, geboren 1714, und ist von den Türken 1799 hingerichtet worden.

Die griechische Kirche und die unzugänglichen Berge

Griechenlands waren die einzigen Grenzen der Türkenherrschaft. In der Liturgie fand das Licht der griechischen Sprache, die allen Winden preisgegeben war, den Schutz eines Schirms; und in den Bergverstecken lebten und kämpften die Klephten; es waren Männer, die sich nicht fügen wollten, oder bereits Geächtete, die geflohen waren und den Despoten zu schaden suchten, wo sie nur konnten. Sie wechselten in einem fort das Nest und den Weg und verwischten die Spuren. Sie trugen den Namen von Dieben und Räubern (Klephten), den sie, durch die Beweise ihrer Ehre, zu einem Ehrentitel gemacht hatten. Zu ihnen hatte sich auch die Muse der Dichtung geflüchtet, sie lebte bei ihnen und kürzte und würzte die langen, öden Wintertage. Und von dort ist sie später, als es galt, das ganze Land zu befreien, wiedergekommen.

Zum ursprünglichen Komplott der Freiheitskämpfer, das der allgemeinen und endgültigen Erhebung vorangegangen war, wie auch zu den Anführern des Kampfes, zählten auch Freimaurer. Der populäre Rhigas, der die erste Vaterlandshymne gedichtet hatte: »Deutes Paides ton Ellinon« (Auf, ihr Kinder der Hellenen!), war Freimaurer. Er war geraume Zeit ein Vorkämpfer, und der Aufstand ließ auf sich warten. In dieser einsamen Wartezeit ist er von den Österreichern verhaftet und an die Türken ausgeliefert worden, die ihn 1798 hingerichtet haben. Die ersten, von Franzosen gegründeten, Logen befanden sich auf den Ionischen Inseln; Ypsilanti, Kapodistrias, Germanos, der Erzbischof von Patras, waren Logenbrüder. Das Griechentum war ein kirchliches, ein klephtisches, ein phanariotisches, ein armatolisches, kapetanisches, byzantinisches und enzyklopädisches.

Makryjannis

Eines der schönsten und naivsten Zeugnisse eines griechischen Charakters sind die Memoiren des Freiheitshelden General Makryjannis (1797–1850). Er hat erst nach dem Freiheitskampf richtig schreiben gelernt, als er unter Kapodistrias Polizeichef auf dem Peloponnes war. (Wir entnehmen das der Übersetzung Gyömöreys.)
Makryjannis war 1829 in Argos öfters müßig, und um nicht in die Kaffeehäuser zu laufen, bat er den einen und andern Freund, ihn richtig schreiben zu lehren. Und er schreibt: »Da ich also in ein, zwei Monaten diese Buchstaben gelernt hatte, die ihr hier seht, dachte ich daran, mein Leben aufzuzeichnen, alles, was ich getan habe, als ich noch klein war, und was ich im öffentlichen Leben gewirkt habe, als ich in das Alter gekommen war und in das Geheimnis der Hetairia eingeweiht wurde, zum Kampf für das Vaterland und für die Freiheit, sowie alles, was ich während der Kämpfe gesehen, auch was ich selbst nach meinen Möglichkeiten dazu beigetragen habe.«
Seine Einweihung in den Geheimbund ging so vor sich: Er hatte in Arta mit einem Priester Freundschaft geschlossen, die dann vorübergehend aus lauter Diskretion getrübt wurde. Makryjannis hatte einmal das Gefühl, daß jener ihm mißtraue, und ging gekränkt von ihm fort. Der Priester aber versuchte immer wieder, ihn zu

begütigen. Als er wieder einmal zu ihm gekommen war, brach Makryjannis mit Tränen gegen ihn aus: »Über mich, dein Kind, denkst du schlecht!« Darauf weinte auch der Priester und bat ihn mitzukommen, er werde ihm alles erklären: »Darauf nimmt er alle Ikonen von der Wand und vereidigt mich und beginnt mich in das Geheimnis einzuweihen. Da unterbrach ich ihn, und schwor, es niemandem zu verraten, bat aber um acht Tage Bedenkzeit, ich wollte mir überlegen, ob ich überhaupt würdig sei, das Geheimnis zu erfahren, oder ob es nicht besser wäre, daß ich nichts davon weiß. – Ich ging fort und hielt mir alles vor Augen: Tod, Gefahren, Kämpfe, die ich für die Freiheit meines Vaterlandes und für die Religion erdulden werde. Dann ging ich wieder zu ihm und sagte: Ich bin würdig. Ich küßte ihm die Hand, und er vereidigte mich. Da bat ich ihn, daß er mir das geheime Erkennungszeichen nicht verrate, denn ich bin jung, und es könnte sein, daß ich mich meines Lebens erbarme, das Geheimnis verrate und so das Vaterland in Gefahr bringe.«

Das ist ein wahrer Grieche aus Fleisch und Blut und Geist, wie wir ihn selbst aus dem Leben kennen; scharfsinnig wie ein Wucherer und schlicht wie das Evangelium. Als mit dem Ende des Krieges auch die schöne Zeit der allgemeinen Verbrüderung vorüber war und die Kämpfer und die Armen überall dem Geschäftspolitiker, dem Karrieristen und dem Schreibtischpatrioten weichen mußten, dachte Makryjannis an den Anfang zurück: »Wir begannen den Krieg, um uns von der Tyrannei zu befreien, in der wir weder Leben noch Reichtum noch Ehre hatten ... und wir opferten, was wir hatten, auf dem Schlachtfeld, und waren eifrig, auch

jene zu ernähren, die nichts zu essen hatten, auf daß auch sie ihre Pflicht gegenüber dem Vaterland erfüllen. Die ehrlichen Leute halfen zusammen und sorgten für das Nötige, und niemand sollte Not leiden. Wer etwas hatte, gab es her, und kämpfte noch dazu selbst für die Freiheit, Politiker und Kämpfer waren dasselbe, und mit diesem System hielten wir uns zwei Jahre lang.«
Makryjannis verdächtigt den Mavrokordatus und seine Cliquen, daß sie den braven Karaiskakis verleumden, er habe mit den Türken paktiert, und daß sie ihm nach dem Leben trachten: »Er setzte seine eigenen Leute zu Richtern ein, auf daß sie den Karaiskakis durch den Kanal seiner (des Mavrokordatus) Gerechtigkeit schleusen und ihn umbringen. Hört ihr das: Der Karaiskakis, der seit dem zehnten Jahre Klephte ist, wird mit den Türken gehen, während er sie doch in den Wäldern niederzumachen pflegt und seit seiner Jugend barfuß geht für die Freiheit?!«
Als Kapodistrias Präsident war, und Makryjannis als Abgeordneter von Arta nach Nauplia kam, ließ der Kybernetes ihm Diäten auszahlen: »Ich habe das Geld angenommen, um ihm zu zeigen, daß die Griechen arm sind und kein Brot zu essen haben, daß sie zwar unglücklich sind, aber ihr Vaterland als Vaterland achten.« – Eine ergreifende Logik. – Von den Wohltätern des Vaterlandes, den wahren Kapitänen, sagt er: »Das sind Männer, die uns zum Leben erweckten, indem sie die Männer zum Kampf für die Freiheit weckten«; und daß diese, im Gegensatz zu den Advokaten und Heuchlern unter den griechischen Politikern, niemals zu List und Gaunerei gegriffen und daß sie nie »als Lebende die Toten verfolgt und beleidigt hätten«! Das sind alles

niegehörte, kostbare Worte.»Als Lebende die Toten beleidigen« heißt, das Schlimmste tun: Wehrlose kränken, schänden und wahres Verdienst mißachten. Die Toten, das sind die Gefallenen, die Geopferten, die Unbedankten, die sich nicht mehr wehren können, die Armen; alle jene, über die die Konjunktur hinweggeht und die auf unsere Diskretion und Treue angewiesen sind.

In den »Aufzeichnungen eines Junkers am Hofe zu Athen« lesen wir über die bayerische Wirtschaft, die mit dem jungen König dort eingezogen war: »Keine Regierung Griechenlands hatte reichlichere Mittel in Händen ... und was hat sie getan? Anstatt eine Nationalversammlung zusammenzurufen und eine bestimmte Verfassung vorzubereiten, gemäß den feierlichen Verheißungen des Ministers der auswärtigen Angelegenheiten in Bayern und der die drei Bundesmächte vertretenden Londoner Konferenz, hat sie, als wäre sie in ein erobertes Land gekommen, als hätte sie über Goten zu regieren und nicht über Nachkommen der Hellenen und Freunde der Freiheit, alsogleich zu willkürlichen und antinationalen Maßregeln ihre Zuflucht genommen. Oder wie anders soll man das Verfahren nennen, vermöge dessen sie im voraus von den Hellenen den Eid der Treue auf Gesetze forderte, die noch nicht bestanden, und erst werden sollten, und ihnen hierauf Willkürgesetze auferlegte? – Die Auflösung des nationalen Heeres, die Verpflichtung der mittellosen Staatsbeamten, sich kostspielige Uniformen anzuschaffen, die Anstellung von Bayern in allen Dienstzweigen, die Errichtung von Orden und anderen verderblichen Unterscheidungszeichen der Staaten des Mittelalters, die Verfolgung der Kriegsanführer des Freiheitskrieges, die mit vandalischem Frevel begangene und ganz nutzlose Zerstörung so vieler heiliger Asyle, die Verausgabung so vieler einheimischer und fremder Fonde, nicht zur Errichtung einer Bank, nicht zur Beseelung des Ackerbaus, der Industrie oder des Handels, nicht zur Errichtung von Schulen oder Gerichten, oder zum Frommen des öffentlichen Unterrichtes, sondern lediglich für Gegenstände ihrer Eitelkeit, für hohe Solde ihrer auswärtigen Trabanten; zeugte dies alles nicht von der frechsten Willkür und Antinationalität? Zielte es nicht auf die Befestigung der Fremdherrschaft und die Verwandlung eines selbständigen Griechenlands in eine Kolonie Bayerns?«

»Wäre ich König von Bayern«, schreibt der bayerische Junker, »ich hätte zuerst ein Schiff gebaut!« Wahrlich, denn die zahlreiche griechische Flotte war nach dem patriotischen Vernichtungsakt des Kapitäns Miaoulis vor Hydra gleich Null. »Ich hätte ein Schiff gebaut, und nicht ein Haus!« Gemeint ist das Königsschloß, das Architekt Gärtner so groß wie schlicht – ewig vorbildlich – errichtet hat. Die 60.000 Millionen Startkapital, klagt der Junker , sind verschleudert worden.

Und nun noch ein paar Beispiele für die Vergeudung und das lächerliche Disparate der Investitionen und der allerhöchsten Befehle: »Die Volkstracht der Hydrioten, in welcher sie siegreich gegen die türkische Flotte gefochten hatten, wurde durch die Regentschaft (Armansperg) bei der Kriegsflotte unterdrückt, ... sie müssen die fremde enge Uniform tragen. Die Griechen, die immer bloßen Hals haben, sollten nun in steifen Halsbändern sich die Kehle abschnüren ... In Athen ist der Luxus jetzt im Zunehmen. Das Volk sieht den von den Deutschen und andern Fremden gemachten ungerechten Aufwand, der vielfach auf Kosten des Landes gemacht wird, darin so viel Kummer und Elend mit dem nackten Leben ringt. Brot ist bei den Armen selten. Viele ernähren sich von Malven mit Salz und Pfeffer, Schnecken mit Knoblauch, Zwiebeln, Disteln, Bohnen, Obst, Wurzeln und Kräutern. Die Bayern wunderten sich, zu sehen, daß die Griechen wie die Tiere ihre Nahrung auf dem Boden der Wildnis suchen.«

Unverwandt hielt Makryjannis in Krieg und Frieden seinen Blick auf den Stern gerichtet, der über der Ruine des Landes stand; aber bei jedem Schritt stieß er auf einen Schwarm von Privilegien. Vom Gesichtspunkt der Schule und der Literatur ist Makryjannis Analphabet. Er hatte ja erst mitten im Leben, im Krieg, Lesen und Schreiben gelernt, und seine Schrift blieb immer rätselhaft. Er lernte, um sein Herz auszuschütten und seine brüderlichen Maximen durch Schrift zu befestigen. So entstand unter den schlimmsten äußeren Umständen sein Buch: Unerschöpfliche Niederschrift von Brandung und Aberbrandung seines Rechtsbewußtseins. Seferis hat es eine endlose Arabeske genannt. Ja, ein ungeheurer Strang von Schmach und Greuel, Schmerz und Empörung entrollt sich in dieser Arabeske. Makryjannis führt aus jeder Niederung, aus jeder Not in die hohe Sphäre des Rechts. Er hat mit dem Hammer des Gewissens philosophiert und, gestärkt von diesem Hammer, ging er durchs Leben.
Der Krieg war aus, der Sieg erkämpft, aber die Sonne der Freiheit blieb von Ungerechtigkeit befleckt. Makry-

jannis sah die nackten Armen, die Witwen und Waisen, die verstümmelten Helden ohne Asyl; und er sah das Heer der Blasphemien, die wohlgenährte Phalanx verkappter und dekorierter Frevler; er sah »den Übermut der Ämter und die Schmach, die Unwert schweigendem Verdienst erweist. Lukianisch, swiftisch hat Makryjannis bestochene Ämter und öffentliche Räuber bloßgestellt; er hat die Mystifikationen der Diplomatie und der Monarchie ans Licht gezogen und allen Glanz, den sie um sich verbreiten, wie Rauch und Nebel weggeblasen. Aus blutigen Kontrasten des sozialen Lebens hat seine Mnemosyne geschöpft. Hier ist das Delirium Griechenlands. Trotz allem war Makryjannis kein Amokläufer, kein Hypokrit und nicht selbstgerecht, er identifizierte sich nicht mit Themis, und nie hat er sich vom gemeinen Mann distanziert. In seiner Humanität und Brüderlichkeit bezichtigte er sich selbst, und er war überdies »ein Schalk und Original«.

Seine Memoiren sind nicht bloß Schauplatz eines von Not und Tod verwüsteten Volkslebens und der darauf schmarotzenden Korruption; der unverschleierte Blick in die eigene Brust, der eigene Gewissenswächter, findet darin nicht weniger Raum als das nationale Dilemma. Makryjannis ist im Hinblicken aufs eigene Innere von genialer Unbefangenheit, wie nicht weniger im Scharfblick für die Pantomime der Politik. Er hat die »leere Gebärde des Säens und Erntens« durchschaut, hat, »wo die Macht Funktion hatte«, nichts als Moloch und Chimäre gesehen und, ungeblendet von Pfauenfedern, ohne jede moderne Schaulust für das Panoptikum des Frevels.

Aus Menschenliebe und Rechtsbewußtsein ist der

Ariadnefaden geflochten, an dem er sich durchs Labyrinth des Krieges und des Friedens tastet. Im Durcheinandergeschrei aller politischen Parteiparolen unterscheidet er die Stimmen von Agenten, Interessenten und Intendanten; und diese Wahrnehmungsfähigkeit und Unterscheidungskraft haben ihn zum Anwalt verwahrlosten Rechts gemacht. Daraus erwuchs ihm das Selbstbewußtsein: daß an seiner Gestalt die vielen Gestalten eines betrogenen Volkes hängen. Da heißt es: Wir, nicht ich. Mit reinen Händen sind wir an die Arbeit gegangen, unsere größte Mühe war, sie unbefleckt zu erhalten. Da steht geschrieben: »Ich sage es dem Leser – daß von Anfang an, als wir nach Megara gingen – und wo immer verfassungstreue Leute vorbeigegangen sind, sie kein Haar angerührt haben, sondern sie blieben hungrig und bloßfüssig – und sagten und vertrauten darauf, daß Gesetze gemacht werden müßten – Gerechtigkeit – und die armen Einwohner hatten dieselbe Tugend, denselben Patriotismus – das gesegnete Volk Griechenlands – es versorgte seine Mitbrüder mit allem, was sie brauchten – und was es hatte – und alle verlangten nach der Nationalversammlung – und wegen dieser Tugend und Ordnung wurden sie von ihren Gegnern beneidet, denn sie – diese – hatten Mißbrauch getrieben – und viele Missetaten waren begangen worden.«

Das war es, was Makryjannis die Last von Schmerz und Empörung und Aufgabebewußtsein aufgejocht hatte: daß er und alle Direkten, Authentischen sich für das Gesetz und Parlament verbürgt und geopfert hatten; für gleiches Recht, für das Geheimnis von Erziehung und Bildung, dem er von jung auf gelauscht hatte; und für das Licht der Philosophie. Und in diesem Lichte der Suche und der Bewährung erscheint er uns als Pontifex. In der hastigen, ungegliederten, wildstromartigen und weit ausufernden Niederschrift seiner Erinnerungen und Appelle erblicken wir allenthalben Brücken, Pfeiler und gebaute Wege zwischen Menschen und Völkern, Himmel und Erde.

Darum vorwärts, rüstiger Leser, wo Makryjannis die Schleusen des Himmels öffnet, um die irdische Hölle niederzuschwemmen, und Angst dich ergreift, unterzugehn; wo der Frieden als anderer Krieg erscheint, und Aurora als eine zweite Nacht, und Griechenland als ein Zwiegetüm, das sich selbst zerfleischt!

Makryjannis hatte mit dem Anfange anfangen wollen und stieß überall auf das Ende: auf das bis an die Zähne bewaffnete Privilegium, das ihm endlich sogar den Prozeß gemacht hat. Seine beispiellose, der Kriegserinnerung und dem Kampf ums Recht geweihte Prosa findet eine unvergleichliche Fortsetzung in der Schilderung von Wundern und Visionen. Ungeniert setzt er seine kühnsten Würfe ins Metaphysische fort und ruft, als orthodoxer Christ, die Panagia selbst auf seine Szene. Er zeichnet immer wieder das große Erbarmen auf, das er gesehen hat, als sie es ihm, dem Sünder, erzeigte. Die Großgnädige und Vangelistra ist immer wieder noch zurechtgekommen in seiner Not, zur Hilfe für seine Frau und seine Kinder. Einmal hat ihm die Heilige sogar geboten, unverzüglich zu seiner Schwälbin und den Schwälbchen heimzukehren. Sie sprach: »D a s ist keine Sünde, es ist das e r s t e Mysterium Gottes.«

Lorenz von Gyömörey

Als ich in der schönen Jugendzeit Schulter an Schulter mit absolvierten Gymnasiasten nach Griechenland kam, sah ich, nicht weniger kunstbegeistert als sie, die nur Augen für die Antike hatten, noch etwas anderes unter der Sonne: zwei Schatten, der eine war Byzanz, das Mittelalter; der andere der Neugrieche, ein Gespenst von Fleisch und Blut, dessen ganze Erscheinung deutscher Weltanschauung verdächtig war. Mein späterer Herzenskündiger auf diesem Gebiet, Lorenz von Gyömörey, der Übersetzer des Makryjannis, stand damals, als wir über die Thermopylen gingen, im zarten Alter von zehn Jahren. Groß geworden, hat er alle Kraft seiner Jahre Griechenland geweiht, und zwar dergestalt, daß er nicht ruhte, den lebenden Griechen, byzantinische Schattenfabel und mehr als nur die Antike, auf die Fersen Europas zu führen, gegen den Westen, vor allem gegen deutschen Geschichtspositivismus und den verdammten Rechtspositivismus, Menschen- und Rechtsverachtung, deren Samen er mit nie erlahmendem Eifer in der deutschen Philosophie nachwies.

Vielleicht war es nur sein Eifern und Geifern, was mich davon abhielt, ihm darin ohne Widerspruch zu folgen; aber weh tut es mir, daß ich ihm noch in der letzten einschlägigen Debatte, kurz vor seinem jähen Tod, widerstanden habe. Wie schön hat Gyömörey als einer der ersten unter den Neueren und Jüngeren Byzanz gemalt! Er hat mir von Virginia Neris auf Amorgos, droben in Hora, dieses Gleichnis der griechischen Kirche gebracht, den Zettel mit ihrer Schrift wie eine

Blume vor sich hertragend: »Sie gleicht einer weißen Rose, die am Fuße der Felsen blüht.« – O Gyömörey, du hast am Griechentum die Partei der Armut und der Freiheit genommen und in seinem Namen westlicher Hypokrisie auf den Mund geschlagen! Du hast den lebenden Griechen ausgegraben. Du zeigtest die Narben seiner geschichtlichen Wunden auf der sich hebenden und senkenden Brust. Daneben die geschminkte Leiche der ästhetischen Dogmatik.

Auf seiner Flucht zu den Griechen ist Lorenz Gyömörey zuerst auf Amorgos gelandet. Dort fand er die Stille der Einöde, einen Schafstall am Berg über der Bucht von Katapola mit Ausblick auf das freie Meer. Diesen Ort hat er, an prinzipieller Schlichtheit festhaltend, nach und nach wohnlich gemacht; und er hat ihn den Musen geweiht. Er übte die Kunst des Übersetzens. Er hat das Buch der griechischen Osterliturgie ins Deutsche übersetzt; ferner Palamas und andere Erzähler; dann Kavafis und Seferis; zuletzt aber die Memoiren des Generals Makryjannis; und dieses unvergleichliche Buch, das für den deutschen Leser eine wahrhaft »menschenfreundliche Einladung und gütige Erlaubnis« ist, wird sein ewiger Ruhm sein. Im griechischen Volk glaubte Gyömörey den gemeinen freien und gleichen Mann gefunden zu haben, dem noch keine Tyrannei das Kreuz gebrochen hat. Das feierte er, dem weihte er sein Leben, und davon haben seine Behausungen – das Haus an den Schafhürden bei Katapola »Stanera« und die Hütte in Chalandri bei Athen – für jeden, der auf seiner Fährte, wie Hölderlin sich ausdrückt, »aus Liebe wandert«, die herrliche Aura behalten.

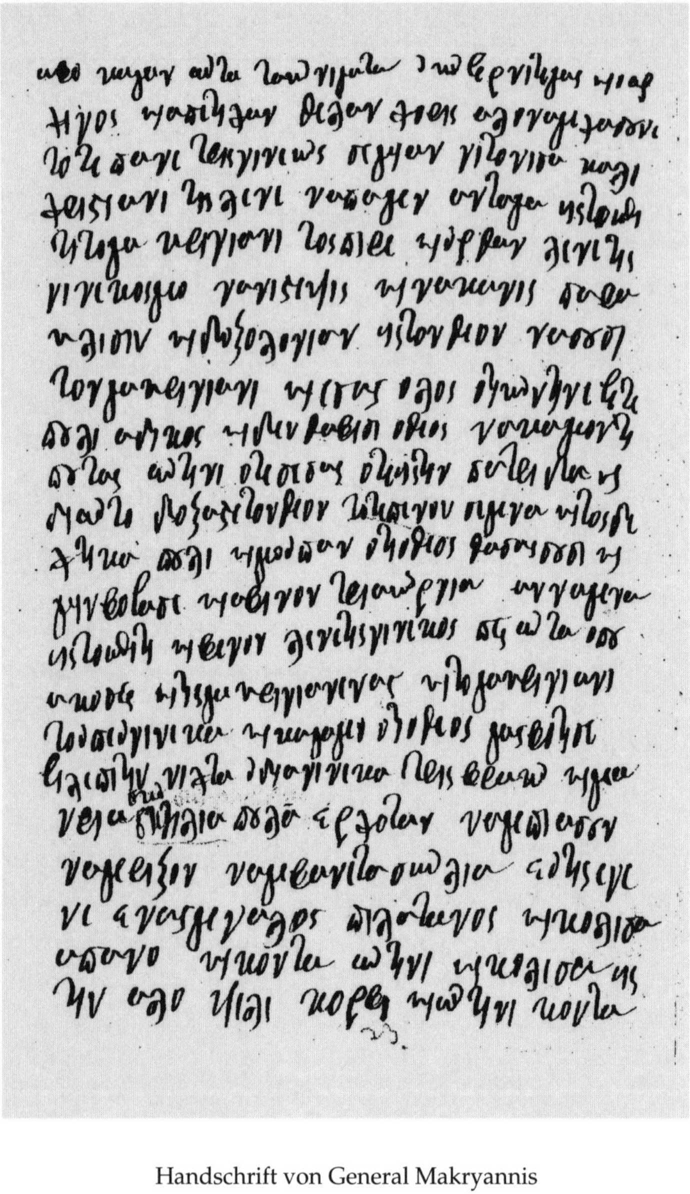

Handschrift von General Makryannis

General Makryjannis

Aberoff-Gefängnis, Athen

Aufzeichnungen
eines Junkers am Hofe zu Athen.

Nach seinem Tode herausgegeben

von

J. Bar. Ow.

I.

Pest, Wien und Leipzig.
Hartleben's Verlags-Expedition.
1854.

Akrokorinth, Reste der Grundmauern des Aphroditetempels auf dem Gipfel des Burgfelsens

Katharina Manolides

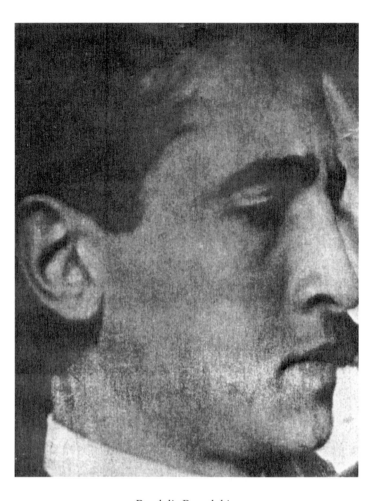

Pandelis Prevelakis

Pandelis Prevelakis

Straße von der Stadt Korfu nach Canone

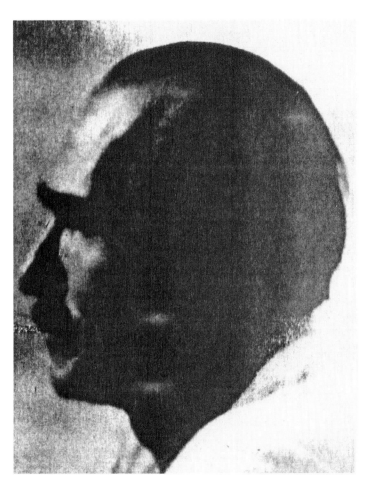

Nikos Kazantzakis

Angelos Sikelianos

Kephisochóri (Phokis), Dorffriedhof
mit Blick auf den Parnaß

Kreta, Messara-Ebene bei Hagia Triada,
im Hintergrund das Idagebirge

Nikos Antonatos

Korfu, Blick auf die westlichen Höhenzüge

Joannis Ritsos

1999 im Löcker Verlag erschienen:

Michael Guttenbrunner

VOM TAL BIS AN DIE GLETSCHER- WAND!

Reden und Aufsätze

Hardcover, 232 Seiten, ISBN 3-85409-312-8

41. - 6/01